A TODO VAPOR

O TROPICALISMO SEGUNDO GAL COSTA

TAISSA MAIA

Copyright © 2023 Taissa Maia
Edição Garota FM Books
www.garotafm.com.br | contato@garotafm.com.br

Todos os direitos reservados e protegidos pela Lei 9.610 de 19.2.1998. É proibida a reprodução total ou parcial deste livro através de meio eletrônico, fotocópia, gravação e outros sem a prévia autorização da editora. Todo o conteúdo é de responsabilidade da autora.

Direção editorial: Chris Fuscaldo
Revisão crítica e ortográfica: Kamille Viola
Capa, projeto gráfico e diagramação:
Adriana Cataldo | Cataldo Design

A Garota FM Books é Chris Fuscaldo (artístico-editorial) e Marco Konopacki (administrativo-financeiro). Este projeto contou com a colaboração de Carolina Azevedo (comercial), Yasmin Lisboa (comunicação) e outros parceiros da editora.

Este livro foi todo editado por mulheres.

Dados Internacionais de Catalogação na Publicação (CIP)
(Câmara Brasileira do Livro, SP, Brasil)

Maia, Taissa
A todo vapor : o tropicalismo segundo Gal Costa / Taissa Maia. -- 1. ed. -- Rio de Janeiro : Garota FM Books, 2023.

Bibliografia.
ISBN 978-65-991539-4-5

1. Cantoras - Brasil - Biografia 2. Costa, Gal - Canções e música - História 3. Costa, Gal, 1945-2022 4. Ensaios 5. Música popular brasileira I. Título.

23-178711
CDD-781.630981

Índices para catálogo sistemático:
1. Cantoras : Biografia : Música popular brasileira 781.630981
Aline Graziele Benitez - Bibliotecária - CRB-1/3129

A TODO VAPOR

O TROPICALISMO SEGUNDO GAL COSTA

TAISSA MAIA

Niterói (RJ)
2023
1ª Edição

A TODO VAPOR nas Redes

Acesse a página do livro para ter mais informações e notícias referentes ao conteúdo. Use o código acima ou vá direto em www.garotafm.com.br

Todos os esforços foram feitos para entregarmos o conteúdo mais correto possível. Correções poderão ser publicadas na página do livro, no site da editora. Sugestões, favor entrar em contato através do e-mail contato@garotafm.com.br

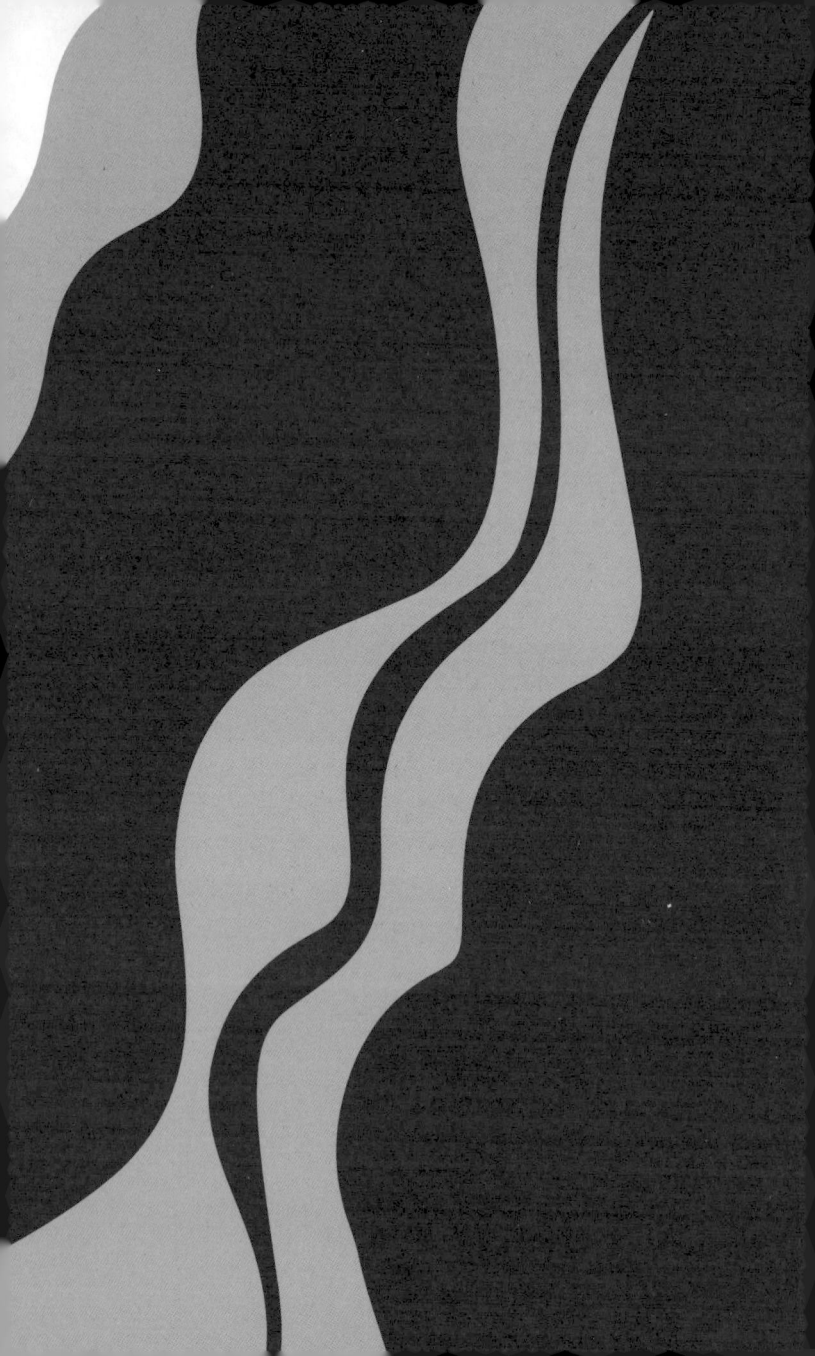

Às mulheres que caminharam antes de mim e àquelas que caminham ao meu lado.

PREFÁCIO	10
NOTAS INICIAIS	16
PARTE I – GRACINHA	26
PARTE II – GAL COSTA	44
PARTE III – MARIA DA GRAÇA	84
NOTAS FINAIS	114
BIBLIOGRAFIA	118

ENTRE TANTAS ESCRITAS, biografias e literaturas musicais que venho realizando, uma pesquisa em especial tem tomado bastante do meu tempo desde 2013, quando trabalhei como pesquisadora, entrevistadora e roteirista do programa *Mulheres do Brasil*, exibido pelo Canal Bis em 2014: o papel da mulher na música brasileira. Em 2018, remexendo os dados da União Brasileira dos Compositores (UBC) para preparar o material da primeira edição do projeto "Por Elas Que Fazem a Música", descobri que a porcentagem de mulheres recebendo direitos autorais era muito menor do que a de homens. Imediatamente, fui ao Escritório Central de Arrecadação e Distribuição (Ecad) e obtive uma informação assustadora: as mulheres eram menos de 8% dos arrecadadores de direitos autorais no Brasil!

Naquele momento, eu tive a certeza de que minha missão era continuar pesquisando e incentivando pesquisas sobre mulheres na música e no jornalismo. Tese de doutorado sobre cantautoras defendida, artigos publicados sobre o assunto, livro em produção, sempre levo o tema às falas livres que sou convidada a fazer. Numa delas, durante a Festa Literária Internacional de Paraty (Flip) de 2022, conheci uma jovem pesquisadora que recém havia defendido sua dissertação de mestrado sobre o papel das mulheres no tropicalismo. Saímos da minha apresentação emendando assuntos, identificando afinidades, bolando parcerias e discutindo o quanto esse tópico ainda pode ser explorado.

Ao ler o trabalho de Taissa Maia, senti uma força estranha no capítulo sobre Gal Costa. Talvez porque muito já se publicou sobre Rita Lee – inclusive pela própria –, e Nara Leão estava na moda naquele 2022 em que a cantora completaria 80 anos, se viva fosse. Sobre Gal, há pouca bibliografia, bem como entrevistas. A baiana nunca foi muito afeita a abrir seu coração publicamente. E Taissa não foi mesmo atrás disso. Seu maior objetivo, com aquele trabalho, era defender a importância das mulheres no movimento que revolucionou a música brasileira.

Sempre foi senso comum o dado historiográfico que dá conta de que a Tropicália acabou quando Caetano Veloso e Gilberto Gil, seus idealizadores, exilaram-se na Europa. Uma espécie de tentativa de apagamento imposta pela ditadura militar e seus censores, que pressionavam os músicos a pararem de compor e de apresentar certos tipos de performance. E que o show – batizado por Gal Costa de *Barra 69* em 1972, quando foi lançado em forma de disco – teria sido a última apresentação tropicalista. Taissa Maia nos mostra que não foi bem assim... Gal Costa pegou o bastão passado por Caetano e deu continuidade ao projeto. Taissa é "atirada", como Gal foi. Senão, ela seria mais uma pesquisadora a seguir o padrão.

"Essa coisa de ser atirada, eu também sou", disse Gal em uma entrevista que fiz com ela em 2020 para o museu virtual *O Ritmo de Gil*, do qual fui curadora, lançado pelo Google Arts & Culture em 2022. Ela se referia a Gilberto Gil, que ajudou Caetano Veloso a convencê-la de que a bossa nova era massa, mas eles precisavam inovar.

"Quando eu cantei o 'Divino, Maravilhoso' naquela fase toda em que eu estava em um processo de transformação musical... Até então, eu era muito radical na coisa da bossa nova. Era focada em João Gilberto, especificamente. Com Gil, eu compartilhei muito a audição de músicas de nomes como Jimi Hendrix, muitas outras canções daquela época, como as dos Beatles", rememorou, dando a entender que demorou, mas mergulhou na nova onda dos amigos (e, de lá, não quis sair mais).

Com essas pesquisas voltadas para o papel da mulher na música brasileira, hoje sabemos que, se a ditadura tentou apagar as mais belas letras da história do nosso país, o mercado da música, machista e patriarcal – bem como muitos de seus atores –, também se esforçou para apagar as mais belas vozes, as escritas e as performances femininas da nossa memória. Gal não foi exatamente apagada, mas possivelmente sofreu uma "secundarização", para usar um termo que nossa autora vem utilizando em seus escritos.

"Eu sou doce mesmo, eu me adapto às situações, e eu tenho uma capacidade de gostar de diversos estilos musicais, diversas coisas. Eu tenho essa coisa que é generosa", disse Gal, em 2020. Será que nossa intérprete estratosférica foi doce demais? Ou legal ao extremo em um universo em que é preciso estar atenta e forte?

No ensaio *A Todo Vapor – O Tropicalismo Segundo Gal Costa*, a também doce Taissa Maia analisa com generosidade o histórico e a carreira dessa cantora fatal, focando nos seus trabalhos como uma expoente tropicalista, para nos fazer revisar toda a bibliografia que não dá conta de colocar a artista no lugar onde ela sempre deveria ter estado, quando viva.

É um prazer enorme editar esse trabalho e aprender um pouco mais sobre uma grande mulher da história da nossa música. Antes tarde do que nunca, agora certamente Gal Costa está no lugar certo.

notas iniciais

A HISTORIOGRAFIA DO TROPICALISMO considera como marco inicial do movimento as apresentações de "Alegria, Alegria" e "Domingo no Parque", realizadas em outubro de 1967, no III Festival da Música Popular Brasileira da TV Record. De acordo com o pesquisador Jairo Severiano[1], ambas as canções, de autoria de Caetano Veloso e Gilberto Gil, respectivamente, definiram o movimento poético-musical de vanguarda. Os dois artistas baianos contaram com grupos de rock nesse festival e, assim, teriam introduzido no campo cultural um viés que aliava a música popular à comunicação de massa e a um comportamento desviante.

O episódio por si só parece pouco relevante. Sua radicalidade só pode ser compreendida quando trazemos à luz um contexto que vinha se formando desde o final dos anos 50: na época havia um ideal nacional-desenvolvimentista que apostava na cultura popular como veículo para erradicar a nossa condição subdesenvolvida. Pautados por esse debate, os jovens se articularam em torno do Centro

---

1 Cf.: SEVERIANO, Jairo. *Uma História da Música Popular Brasileira: Das Origens à Modernidade*. São Paulo: Editora 34, 2017.

Popular de Cultura (CPC), ligado à União Nacional dos Estudantes (UNE).

Fundado em 1961, o CPC utilizava a arte para conscientizar a classe trabalhadora, encenando peças nas fábricas, favelas e sindicatos. A ditadura militar, instaurada em 1964, fez questão de afastar os estudantes dos operários. O CPC foi fechado e a cultura de protesto pós-golpe se enclausurou em um círculo universitário elitizado.

Com o fim do CPC, novos atores surgiram na cena, inclusive, o tropicalismo, em suas mais variadas expressões artísticas, como a música, o teatro e as artes plásticas. Eles colocavam em xeque a passividade do espectador e consideravam equivocada a busca por um progresso calcado no nacional-popular. Tais propostas, herdadas do CPC, desaguavam na canção de protesto. Então, tropicalismo e canção de protesto divergiam em termos de ideias, mas as tensões físicas foram aumentando diante de um regime militar que não apresentava saídas.

O chumbo que encarcerava os opositores da ditadura também pressionava a sociedade civil. Escorria pelas ruas o sangue da violência e até nas discussões estéticas o clima se acirrava. Os exemplos são conhecidos, como quando Caetano foi vaiado junto aos Mutantes no III Festival Internacional da Canção, o que gerou o discurso no qual ele declarou: "Se vocês, em política, forem como são em estética, estamos feitos!". A ironia de Caetano despertou a fúria da plateia. Relatos contam que foram arremessados tomates e até um pedaço de madeira, que atingiu Gil, tirando sangue de sua canela.

Em dezembro de 1968, durante a gravação da série televisiva *Divino Maravilhoso*, Caetano entoou a canção natalina "Boas Festas" apontando um revólver para a cabeça. Talvez esse acontecimento tenha sido um prenúncio do que estava por vir: brutalidade sancionada pelo Ato Institucional nº5; brutalidade na maneira de os artistas se expressarem; contracultura, desbunde, cultura marginal; o exílio de Caetano e de Gil.

A leitora ou o leitor podem ter percebido que os fatos relacionados ao tropicalismo, que foram brevemente narrados, citam apenas Caetano, Gil e os Mutantes. Uma pergunta se torna indispensável: onde estavam as mulheres? Foi essa indagação que fiz quando comecei a pesquisar o movimento e a história da Música Popular Brasileira. Você pode argumentar que Rita Lee pertencia aos Mutantes, portanto, ela foi mencionada. Entretanto, a historiografia feminista já deu conta de nos informar que os feitos das mulheres somem quando elas se veem inseridas em grupos universalizantes.

Vejamos o seguinte exemplo: "Os tropicalistas participaram de um *happening*". Quem são os tropicalistas? Quantos deles se identificavam como mulheres? Como essas mulheres participaram desse *happening*? Elas tiveram o mesmo destaque que os homens? Enfim, questões que ajudam a especificar uma história das mulheres na Música Popular Brasileira e a destacá-las do conjunto totalizante empregado na frase de exemplo, a saber, "os tropicalistas".

Não digo que as mulheres sumiram da história do tropicalismo. Gal Costa, Nara Leão e Rita Lee, aquelas que registraram sua voz no disco-manifesto *Tropicália ou Panis et Circencis*, foram grandes artistas; sucessos comerciais expostos midiaticamente. No entanto, quando se trata da historiografia e dos discursos crítico-acadêmicos, elas foram secundarizadas.

É usual encontrar nos livros que o fim do movimento ocorreu com a partida de Caetano e Gil. Não se percebe que o tropicalismo foi muito mais do que um movimento; foi uma proposta estética. Pensando assim, é evidente que continuou. Como disse o próprio Caetano no dia 26 de julho de 1969, um dia antes de sua viagem à Inglaterra, motivada pelo exílio:

> Quanto ao tropicalismo, ainda não posso falar muita coisa. É claro que ele mantém raízes. O fato é que Gal Costa se tornou a mais importante cantora brasileira a partir dele e eu acho que isso já compensa. Se o tropicalismo passou, eu não sei, mas acho que (...) ele continua, e do modo certo, com Gal[2].

Ora, por que o tropicalismo encenado por Gal Costa foi tão pouco estudado em sua particularidade? Silviano Santiago fornece algumas pistas. O intelectual aponta para o fato de que a performance foi avaliada de maneira precária nas "melhores interpretações históricas e sociológicas do período de

---

2 Cf.: VELOSO, Caetano, 1969. In.: *Tropicália: A História de Uma Revolução Musical*. São Paulo: Editora 34, 2008.

ditadura militar"[3]. Por conseguinte, o corpo que performa não foi um objeto de estudo privilegiado, e o resultado disso foi a secundarização de mulheres como Gal Costa.

No Brasil, a maioria dos compositores de letra e música foi e é homem. Enfatizando a obra masculina, alguns livros que se debruçaram sobre o tropicalismo utilizaram a poesia como objeto primeiro de análise. Especialmente porque, a partir da bossa nova, a canção popular se tornou um meio de circulação de mensagens críticas sobre política e estética. Apesar de ter duas músicas gravadas, "Love, Try and Die" e "Quando", Gal não se consagrou como compositora. O seu gesto interpretativo ficou em segundo plano no que diz respeito a importantes análises.

Logo, para se compreender a obra de Gal Costa, é preciso olhar para o corpo em cena, deslocando-se; para os sentidos gerados pela imagem parada e em movimento; para a voz como um instrumento

---

[3] Cf.: SANTIAGO, Silviano. Das Incoveniências do Corpo Como Resistência Política. In.: *Jornal Literário da Companhia Editora de Pernambuco*. 2019.

orgânico. Neste ensaio, de forma bastante inicial, faz-se um apanhado de alguns marcos da carreira de Gal Costa, numa tentativa de ir além da letra. A cronologia que se apresenta não é completa, ou seja, não pretende alcançar um esforço biográfico. O que se deseja fazer é costurar os produtos artísticos da cantora numa narrativa que exponha a sua encenação estética.

Perceba, a expressão que vamos empregar não é "projeto estético". Justamente, a ideia de "projeto" pode condicionar a criação ao reino do racional. Na verdade, estamos tratando de uma obra criada a partir da inteligência emocional. A encenação estética de Gal Costa, que será trabalhada neste ensaio a partir de alguns momentos fundamentais, começa e termina tropicalista. Por isso, chamo o período subsequente ao exílio de Caetano e Gil de "tropicalismo segundo Gal Costa". O auge dessa experimentação se dá com o show *Fa-tal* (1971), depois vem *Índia* (1973) e, então, há um declínio e um novo aceno com *Recanto* (2011).

Talvez a lição mais importante que eu possa transmitir com este ensaio seja uma que aprendi com bell hooks[4]. A autora, discorrendo sobre o ofício do professor na sala de aula, diz que se espera dele a anulação do corpo em detrimento da mente. Ela não se lembrava dos corpos inteiros dos mestres que teve ao longo da vida. A metafísica ocidental, que faz de corpo/mente uma dicotomia, separa o aprendizado como pertencente apenas a um polo.

Pois bem, que façamos de Gal Costa uma artista que rompeu com essa dicotomia; que pensou com o corpo. Sua leitura do tropicalismo não foi investigada por críticos literários da vanguarda concretista, mas isso não significa que Gal estava somente reproduzindo os debates estéticos travados por Caetano, Gil, Waly Salomão, entre outros. Gal estava cocriando essas informações e passando-as adiante por meio de um corpo-mente dotado de saber.

Na primeira parte deste ensaio, conhecemos melhor nossa personagem e sua formação artística. Na segunda parte, a explosão tropicalista que es-

---

4 Cf.: HOOKS, bell. Eros, Erotismo e o Processo Pedagógico. In.: LOURO, Guacira Lopes (org). *O Corpo Educado: Pedagogia da Sexualidade*. Belo Horizonte: Autêntica, 2019.

traçalhou os vitrais da MPB. Os cacos de vidro que sobraram são frutos a serem analisados neste texto. Por fim, a terceira parte relata momentos em que o tropicalismo segundo Gal Costa estava adormecido, até chegar *Recanto* (2011), resvalando em *Estratosférica* (2015). Espero que os pensamentos reunidos aqui contribuam para o entendimento acerca da encenação estética de Gal Costa e para alçá-la ao panteão dos artistas cuja movimentação crítica influenciou a identidade nacional por meio da canção popular.

PARTE I
GRACINHA

A PEQUENA JÁ NASCEU CANTANDO. Do desejo de sua mãe de parir um homem que fosse um grande pianista, fez-se a gestação de uma menina. O sonho de Dona Mariah era ter um filho compositor de música de concerto. No entanto, alimentou sua barriga com notas musicais para casar a vida com a arte. Talvez a brincadeira com os sons, dentro do aconchego do ventre, não combinasse com a técnica dos conservatórios e das faculdades de Música. Talvez seja por isso que Gracinha veio ao mundo.

Maria da Graça Costa Penna Burgos tem como data de nascimento o dia 26 de setembro de 1945. O local: Salvador, Bahia. Dizem os jornais que a família Costa Penna foi uma das mais ricas do Recôncavo Baiano quando a região exportava fumo. Eram liberais, mas não permitiram que Dona Mariah – na época, apenas Mariah – seguisse a carreira de atriz. Ela se casou com Arnaldo Burgos, mas logo se separou. Tornou-se mãe solo e, durante muito tempo, sustentou a casa trabalhando com o irmão no comércio de leite. Inevitavelmente, a vida ficou menos luxuosa, e ela se mudou com a sua cria para um imóvel simples no bairro da Graça. Do outro lado da rua, moravam

Sandra e Dedé Gadelha. As meninas ficaram amigas da filha de Dona Mariah.

Sandra conta que elas tinham mais ou menos sete anos, queriam ir ao cinema de táxi, mas não tinham dinheiro. Sandra convenceu Gracinha a cantar em público, passando o chapéu e ganhando uns trocados. Assim foi feito, e as crianças garantiram a sessão da tarde. Outra anedota dá razão às audições musicais realizadas por Dona Mariah durante a gravidez: sua filha estava sentada na janela de casa lendo gibi. Então, passa na calçada um rapaz que cantava na televisão local. Todo mundo correu para tentar pegar um autógrafo e Gracinha, ao mesmo tempo que achou uma besteira, soube naquele momento que seria cantora. Tinha 12 anos e passou a vida chamando o episódio de premonição.

Sua sensibilidade e intuição estiveram presentes desde a adolescência. Ela se trancava no banheiro com uma panela, botava perto da boca aquele utensílio roubado da cozinha e treinava a reverberação de sua voz. De algum jeito, sabia que precisava trabalhar o diafragma. Talvez a intervenção umbilical de Dona Mariah a tenha ensinado uma coisa ou outra sobre a fisiologia do canto, fazendo com que Gracinha se tornasse uma das maiores artistas do Brasil.

Mas, é claro, o caminho não foi tão rápido assim. No meio dele havia João Gilberto, responsável por importantes encontros que a menina viria a ter. Ela ouvia muito o rádio e, certo dia, João estava tocando. De cara, apaixonou-se e ficou louca, buscando o pai da bossa nova em todas as estações da caixinha mágica. Evoluiu para os discos, onde procurava a maneira estranha de cantar proposta por seu ídolo. Assim, suas experimentações vocais continuaram e a futura estrela passou a estudar os arranjos, desenhos, flautas e violinos de cada música de João.

Mas o que tinha de tão interessante em João Gilberto? Nas palavras da pesquisadora Regina Machado, o disco *Chega de Saudade* (1959) representou uma "revolução no comportamento vocal dentro do universo da canção popular brasileira"[5]. Voz e violão foram equiparados, aproximando o cantar do falar. O estilo joãogilbertiano de interpretar exigia um rigor técni-

---

5 Cf.: MACHADO, Regina. *Da Intenção ao Gesto Interpretativo: Análise Semiótica do Canto Popular Brasileiro*. Tese (Doutorado em Linguística) – Faculdade de Filosofia, Letras e Ciências Humanas da Universidade de São Paulo. São Paulo: 2012.

co que se camuflava no despojamento da bossa nova, mas quem seguiu a sua linhagem precisou se desenvolver no sentido de certa precisão na emissão das notas. Foi o caso da protagonista desta história.

Em 1963, durante uma festa cujo convite recebeu da professora de dança Laís Salgado, Gracinha cantou à moda de João. Diante dessa escuta, um jovem magro e de cabelos curtos se aproximou para elogiá-la. Era Caetano Veloso, que já foi perguntando: "Qual é o maior cantor do Brasil?". Com a resposta dela na ponta da língua, o destino estava selado. João Gilberto era a linguagem musical que ambos partilhavam. Foi o ponto de luz que os guiou desde o cais até o horizonte do oceano artístico que, juntos, desbravaram.

No ano seguinte eles já eram amigos. Caetano a chamou para trabalhar na inauguração do Teatro Vila Velha. Tratava-se do espetáculo *Nós, Por Exemplo*, que deveria durar uma noite, mas que acabou durando uma temporada inteira. Além de Caetano, Maria Bethânia e Gilberto Gil dividiram o palco com Gracinha, ou melhor, Maria da Graça – nome escrito no programa do show. Foi também como Maria da Graça que, em 1965, ela lançou seu compacto de estreia, pela gravadora RCA Victor. Na capa,

aparece com os cabelos curtos e comportados, sentada em um banquinho.

Seu canto é igualmente comportado nas duas faixas e a intérprete explora uma extensão mais grave. "Eu Vim da Bahia", de Gilberto Gil, é uma ode à terra de Iemanjá e do Senhor do Bonfim. "Sim, Foi Você", de Caetano Veloso, é uma bossa romântica. Quanto à interpretação, ocorre o mesmo que na canção de Gil. Quando se compara a primeira versão de "Sim, Foi você" àquela cantada ao vivo no show *Estratosférica*, de 2017, parece que são duas mulheres diferentes. No seu primeiro compacto, Gal ainda estava submersa na estética bossanovista. Tudo era minimalista e contido.

Entretanto, no mesmo ano de 1965, participou do LP de Bethânia; as duas cantando "Sol Negro", composta por Caetano. Em contraponto à voz contralto da amiga, Maria da Graça soltou uns agudos. É interessante que "Sol Negro" tenha sido um local de investigação, pois, em uma das apresentações no Teatro Vila Velha, a artista também pôde cantá-la de forma mais solta. O fato ocorreu porque ela ouviu um tom diferente daquele que haviam ensaiado, embarcou, Gil acompanhou e foi um sucesso. Ela nem sabia se conseguiria alcançar aquelas notas tão altas, mas conseguiu. Aliás, manteve-se estendendo sua tessitura até se tornar a dona de uma voz divina e versátil.

Apesar dos parcos registros sobre o início de sua carreira, é possível notar que 1965 foi um ano cheio de reviravoltas. O negócio de leite que Dona Mariah ajudava a cuidar faliu. Então, sua filha precisou buscar um emprego. Ela o encontrou num lugar privilegiado, a loja Ronny Discos. Por lá, conseguia ouvir seus álbuns preferidos e vivia rodeada de música. Mas sua atuação como vendedora seria breve, pois, quando visitou a amiga Bethânia no Rio de Janeiro, logo no início de

1965, soube que também se mudaria para a Cidade Maravilhosa. Bethânia estava em cartaz com o espetáculo *Opinião*, dando o que falar na cena jovem.

Maria da Graça queria levar a mesma vida. Afinal, guardava aquela premonição desde os 12 anos de idade. Arrumou dinheiro com um primo, largou a Ronny Discos e foi para o Rio. Uma de suas primeiras aparições televisionadas foi no programa de Chico Buarque e Nara Leão, *Pra Ver a Banda Passar*. Depois veio o *Fino da Bossa*, apresentado por Elis Regina e Jair Rodrigues, e o programa de Agnaldo Rayol. Os cachês possibilitaram que ela se mudasse de uma quitinete em Copacabana para o Solar da Fossa, em Botafogo. Na época, Caetano Veloso, Paulinho da Viola e Rogério Duarte eram alguns dos nomes que residiam no Solar.

A pensão era mais do que um lugar para dormir; era um território de liberdade onde a contracultura encontrava solo fértil para germinar. Na música tropicalista "Panis et Circenses", os Mutantes vocalizam: "Mandei plantar folhas de sonhos no jardim do solar". De fato, Maria da Graça se mudou para um local iluminado, que a colocou em contato com toda a ebulição que ocorria entre os jovens cariocas. Era um prédio quase coletivo – partilhava-se até o banheiro. Oposto à "sala de jantar" que aprisionava as meninas no ambiente doméstico, como era o costume daquele período.

O ano de 1965 terminou com a artista em cartaz no Teatro de Arena, dirigida por Augusto Boal. O espetáculo *Arena Canta Bahia* mostrava as características desse estado que parecia tão exótico aos moradores do Sudeste brasileiro. No elenco, também se encontravam Caetano, Gil, Bethânia e Tom Zé. Ou seja, aqueles rapazes e moças nordestinos que chamavam a atenção de todos. Os baianos invadiram São Paulo numa peça conceitual. A filiação de Boal à cultura de protesto fez com que a montagem fosse tão coibida pela censura que o diretor optou por substituí-la por *Tempos de Guerra*.

Parece que 1966 foi um ano mais calmo para Maria da Graça. A história dá conta de apenas uma aparição pública feita por ela: o I Festival Internacional da Canção, em setembro. Mas não se engane! Sabe-se pouco desse momento de sua vida por conta de duas características que a historiografia feminista chama de "dissimetria sexual das fontes" e "silêncio do relato". A primeira diz respeito à pouca curiosidade dos cronistas da época por observar as mulheres, e a segunda, ao fato de os historiadores, aqueles que contam a história com base nessas fontes, serem, em sua maioria, homens. Assim, mesmo que de modo inconsciente, mantém-se a hegemonia patriarcal, como bem observa Michelle Perrot[6].

Contudo, voltemos o foco a Maria da Graça. O I Festival Internacional da Canção foi organizado pela Secretaria de Turismo do Governo da Guanabara. Desse modo, ele teve a particularidade de ser pensado para aproveitar o potencial da cidade. Assim, o conteúdo ideológico não foi tão explorado nas composições que se inscreveram. Elas foram mais emocionais – inclusive, "Minha Senhora", de Gilberto Gil e Torquato Neto, defendida pela baiana. A letra mostra um eu-lírico apaixonado por uma "senhora" que ele não sabe onde mora.

Finalmente, chegou a vez de nossa protagonista gravar um disco mais robusto. Era julho de 1967, e ela já estava participando da cena artística do Sudeste, mas teve de dividir as 12 faixas do álbum *Domingo*

---

6 Cf.: PERROT, Michelle. *Minha História das Mulheres*. São Paulo: Contexto, 2007.

com Caetano Veloso. Isso porque a gravadora Philips não achou que eles tinham força individualmente. A bossa nova, responsável por essa união, permaneceu, e os jornais começaram a chamá-la de "João Gilberto de saias" (por mais que a intenção seja fazer um elogio, a comparação é machista e é frequente, quando a imprensa fala de artistas mulheres). Há um tom melancólico e nostálgico em *Domingo*, sobretudo em canções como "Avarandado", de Caetano, e "Candeias", de Edu Lobo.

Juvenal Portella abre sua crítica no *Jornal do Brasil*, publicada no dia 5 de julho de 1967, falando o seguinte sobre o álbum *Domingo*: "O canto de Gal resume tristeza e timidez, ampliadas por algumas deficiências principalmente de dicção, prejudicando bastante sua maneira de transmitir." Por sua vez, Caetano recebe elogios do jornalista: "Ao lado de Gal, aparece o compositor Caetano Veloso, baiano como ela, e um dos esplêndidos poetas da nova música popular, sem nenhuma dúvida." Portella o absolve de análises vocais, apesar de ressaltar que ele "não dá vexame, até pelo contrário". Diferentemente dela, Caetano é digno do registro: possui "boa dicção". O texto presente no Caderno B é taxativo sobre o futuro da artista: "Não prevejo que seja uma grande cantora, nem creio que o será"[7].

Como pode ser visto, Maria da Graça havia se tornado Gal – mesmo que Juvenal Portella, em determinado momento, utilize no texto a denominação "baianinha". A mudança de nome se desenrolou porque seu empresário, Guilherme Araújo, achava que Maria da Graça não era moderno o suficiente para se adaptar aos novos ventos que sopravam na MPB. Ela própria lembra dele brincando que "Gal"

---

7 Cf.: PORTELLA, Juvenal. Um Disco de Baianos Para Todos. *Jornal do Brasil*. Rio de Janeiro. Caderno B, p.2, 5 de julho de 1967.

queria dizer "Guilherme Araújo Limitada". Tamanha a desfaçatez do Clube do Bolinha, apropriando-se dos rumos de sua carreira!

Não só Araújo, mas Caetano e Rogério Duarte costumavam debater o projeto estético que ela deveria seguir. Gal nunca soube disso. Enquanto os meninos estavam intelectualizando o espírito musical que emanava da sociedade brasileira, a artista estava canalizando tudo isso em corporalidade e performance. O disco *Domingo* já não propunha mais o que eles desejavam expressar. Só que, em 1967, Gal ainda se apresentava de maneira menos radical do que a explosão que viria a acontecer em 1968.

No III Festival de Música Popular Brasileira, em outubro de 1967, ela cantou músicas com melodias retraídas e, dessa vez, letras alinhadas à canção de protesto. Defendeu "Bom Dia", de Gilberto Gil & Nana Caymmi, e "Dadá Maria", de Renato Teixeira. A primeira trata da rotina de um operário, e a segunda exalta o Brasil a partir de um prisma regional. Em maio do ano seguinte, 1968, as movimentações em torno do tropicalismo estavam se consolidando ao ponto de o grupo entrar em estúdio para fazer o disco-manifesto *Tropicália ou Panis et Circencis*.

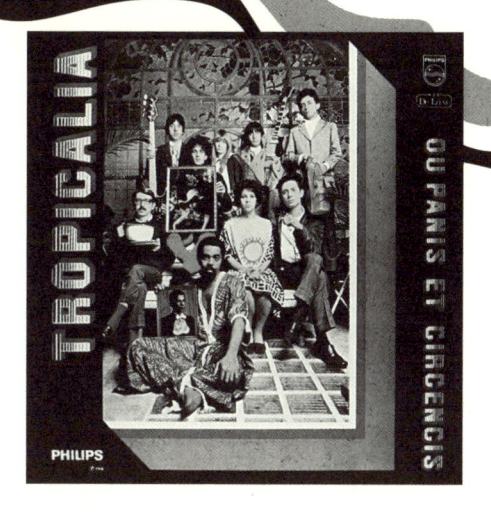

Nele, Gal interpreta duas faixas: "Baby", de Caetano Veloso, e "Mamãe, Coragem", de Caetano e Torquato Neto. Em "Baby", há uma poesia que exprime muito do projeto tropicalista. Ali está posta a vida comum das pessoas dentro de um centro urbano, que se insere, inevitavelmente, numa lógica do consumo. Também se faz uma brincadeira com o aspecto programático do Centro Popular de Cultura (CPC) da União Nacional dos Estudantes (UNE), que influenciou a canção de protesto. A letra reitera ao interlocutor que ele precisa "saber", "andar", "ouvir" e "aprender", quase como numa cartilha do CPC. Entretanto, as prescrições dizem respeito ao aqui e ao agora, não aos caminhos de uma futura revolução.

"Mamãe, Coragem" conta a história de uma filha que se muda para outra cidade e consola a mãe. Ao contrário do regionalismo da canção de protesto, que dava prioridade a paisagens como a do sertão, a música fala de outro fenômeno: dos jovens que iam às capitais em busca de uma abertura comportamental. Inclusive, essa escolha não é estranha à biografia de Gal. Ela diz que ouvir "Mamãe, Coragem" era uma facada no peito, pois sentia muita falta de Dona Mariah. Gal se jogou no mundo e foi para o Rio de Janeiro atrás de seu destino.

Note que os sentidos analisados anteriormente, com base nas canções "Baby" e "Mamãe, Coragem", são percebidos, predominantemente, a partir das letras. Também é digno de nota que, quando se observam os créditos do disco-manifesto, absolutamente todas as músicas foram compostas por homens. Não só isso: a capa de *Tropicália ou Panis et Circencis* foi criada por um homem, e o mesmo acontece com os arranjos das faixas. Sendo assim, é difícil compreender o tropicalismo feminino se só olharmos para a poesia e para as outras artes. Por isso, vamos lançar mão de novas lentes – ou escutas – metodológicas.

Não vamos adjetivar o canto de Gal nas duas músicas em que ela se destaca no disco-manifesto. A ideia é ir além, procurando significações profundas engendradas por essa voz. Pois o compositor configura um sujeito na letra, mas esse sujeito só ganha vida quando a melodia é inserida e cantada pela intérprete. Gal dá o sopro de vitalidade ao eu lírico que fala com a menina chamada Baby e à filha que pede coragem a sua mãe.

É nesse espaço, entre o sujeito escrito pelo compositor e o sujeito cantado pela intérprete, que reside uma questão importante. Pensando no tropicalismo, trata-se de uma questão que também atravessa a desigualdade entre os gêneros, porque as obras do movimento foram criadas pelos homens, e as mulheres as cantaram. Portanto, pensemos no gesto interpretativo que Gal fez. Tal gesto não era passivo; Gal não foi um receptáculo das canções compostas por Caetano, Gil e os outros. Ela também as criou, a partir de sua interpretação.

Em "Baby", Gal já está cantando numa região mais aguda do que no seu compacto de 1965. O caráter repetitivo de letra e melodia, que segue prescrevendo coisas que a menina Baby deveria fazer, remete à bossa nova. Em termos de intensidade, o canto não é drasticamente alterado em nenhum momento, dando um tipo de conforto ao ouvinte. Contudo, alguns elementos trazem um toque mais passional a essa canção. Ela não se encaixaria totalmente como uma bossa, porque o arranjo introduz uma orquestração em que o violino se destaca, fazendo lembrar da década anterior às renovações feitas por João Gilberto. Essas escolhas são típicas do tropicalismo, e Gal as acompanha, explorando regiões diferentes daquelas percorridas por sua voz em registros fonográficos anteriores.

Em "Mamãe, Coragem", mesmo com as mudanças melódicas, a técnica de Gal permite que o ouvinte a escute quase que a música inteira na mesma região, até em momentos fortes da letra, como: "Eu tenho um beijo preso na garganta / Eu tenho um jeito de quem não se espanta / Braço de ouro vale dez milhões". Ela sobe um pouquinho em: "Seja feliz / Seja feliz". Mas a proposta é resgatar um jeito bossa-novista de cantar, trazendo menos inovações na voz do que nos arranjos de Rogério Duprat.

O caráter afável dessas duas interpretações agradou ao público. "Baby" disparou nas paradas de sucesso e Gal passou a ser requisitada para programas de TV. A crítica cismava em chamá-la de musa do tropicalismo e, até mesmo, de "Caetano de saias". Ou seja, ela saiu da associação a João para se tornar a voz que inspirava Caetano Veloso. O problema da musa é a sua passividade. Ela fica ali, imóvel, esperando um artista homem para admirá-la e ter o ímpeto criativo. Mas a realidade não era essa. Gal estava inquieta, circulando e absorvendo tudo o que via e ouvia; estava preparando o seu grito.

Apesar de ser a sua estreia nessa estética, o tropicalismo segundo Gal não se tornou visível para o Brasil por meio do disco-manifesto. Num compasso diferente dos de Caetano e Gil, aquilo estava sendo maturado dentro dela a partir de sua própria itinerância artística. O convívio com o grupo certamente ajudava, mas ela possuía sua percepção particular do que vinha ocorrendo em termos de música e linguagem. Após uma temporada agitada de lançamento do *Tropicália ou Panis et Circencis*, chegou o mês de setembro de 1968 e, com ele, o IV Festival de MPB da Record. Foi no palco desse festival que uma transformação ocorreu: Gracinha se tornou Gal Costa.

PARTE II
GAL COSTA

Nada engoliria Gal Costa naquela noite de setembro de 1968. Nem a disputa entre o tropicalismo e a canção de protesto, muito menos a chuva de confetes e serpentinas que caíam do céu sobre ela. Ali nascia um mito, recoberto pela carnavalização da estética tropicalista. Volta e meia um confete entrava em sua boca, mas Gal não se abalava e continuava cantando, tirando com certa brutalidade o item festivo de seu instrumento vocal.

Tudo foi um pouco agressivo na apresentação de "Divino, Maravilhoso" no IV Festival de MPB da Record. O grito passou a ser usado como forma de expressão e, segundo Gal, havia um homem na plateia insultando-a. Isso não foi o suficiente para afugentá-la. Pelo contrário, a artista relembra que os insultos lhe deram mais força. Ela cantou com violência na direção daquele homem infeliz, e ele foi ficando cada vez menor diante de uma artista que estava ali para dominar o palco. Quando começou a música, Gal era uma menina. Após o arrebatamento sacrificante vivido por ela nessa histórica performance, Gal Costa renascia como uma mulher.

DIVINO, MARAVILHOSO

A apresentação de "Divino, Maravilhoso" foi conceituada por Gal Costa e Gilberto Gil, contando com a ajuda de Dedé Gadelha nos aspectos cênicos. Gal já estava envolvida com a atmosfera tropicalista, mas ainda não tinha feito seu debute. Caetano e Gil escreviam canções, e ela as estudava. Algo em "Divino, Maravilhoso" em específico a chamou atenção, o que mostra sua capacidade musical instintiva e um faro inteligente. Gal encomendou o arranjo a Gil, que seguiu o pedido da amiga de fazer uma performance completamente nova, explosiva. O cabelo no estilo *black power* foi feito por Dedé, e Gal usou uma roupa com espelhos e penduricalhos.

Assistir a Caetano e Gil fazendo "Alegria, Alegria" e "Domingo no Parque", em 1967, mexeu com Gal, e ela não podia ficar parada. A artista diz que se libertou e que sua aparência externa acompanhou o que estava acontecendo dentro de si: um trabalho criativo autoral alinhado à estética tropicalista. Tal criação invadiu sua postura no palco e na vida, o que remete ao famoso texto de Silviano Santiago

"Caetano Veloso Enquanto Superastro"[8]. Santiago afirma que figuras como Caetano – ele chega a mencionar Bethânia, mas nenhuma outra mulher – levam a vida cotidiana para a performance cênica e a performance cênica para a vida cotidiana. Gal Costa fez o mesmo, enfrentando uma reação radical da sociedade brasileira.

Ela chegou a ser chamada na rua de "macaca", "suja" e "piolhenta". Conta que sentia angústia na época, afinal, as tensões sociais estavam se agravando, por conta do recrudescimento da ditadura militar. Em entrevista ao programa *Conversa Com Bial*, transmitido pela TV Globo no dia 19 de fevereiro de 2021[9], Gal Costa afirma ter sido agredida por um cara que disse: "Ponha-se no seu lugar de mulher." No entanto, para ela, a fase de "Divino, Maravilhoso" era sexy. Tratava-se de uma sensualidade agressiva. Uma sensualidade que era incômoda para parte da população que estava entrando em contato com

---

8 Cf.: SANTIAGO, Silviano. Caetano Veloso Enquanto Superastro. In: SANTIAGO, S. *Uma Literatura nos Trópicos: Ensaios Sobre a Dependência Cultural*. Rio de Janeiro: Rocco, 2000.

9 Cf.: TV Globo. Conversa com Bial: Gal Costa. 19 de fevereiro de 2021. (43min).

os tropicalistas por meio da televisão e dos jornais. Eles não entendiam o que estava acontecendo e, quando o ideal de feminilidade estava em jogo, sentiam-se ameaçados.

A partir de "Divino, Maravilhoso", Gal introduziu um corpo feminino inconveniente[10]. Esse conceito é interessante para que se pense a relevância da encenação tropicalista feita por ela. Como já foi dito, a artista não foi a compositora de nenhuma das canções reconhecidas pela história da MPB como pertencentes a essa estética. Entretanto, o seu corpo afrontava a norma sem que cantasse textos escandalosos. Note, por exemplo, que a letra possui alguns elementos de protesto. Fala-se em ter atenção para "esta escuridão" e para o "sangue sobre o chão". Mas o que mais gerava revolta nos conservadores não era o que estava sendo dito e, sim, como estava sendo dito e por quem.

A crítica especializada gostou. Em dezembro de 1968, o famoso jornalista musical e apresentador

---

10 Conceito presente em: SANTIAGO, Silviano. Das Inconveniências do Corpo Como Resistência Política. In.: *Jornal Literário da Companhia Editora de Pernambuco*. 2019.

Flávio Cavalcanti escreveu no *Diário de Notícias* que o talento de Gal foi compreendido por causa da apresentação de "Divino, Maravilhoso"[11]. E olha que Flávio Cavalcanti era difícil de agradar. Ele costumava quebrar discos ao vivo no seu programa de TV, só porque não apreciava o que estava tocando. Gal Costa seguiu recebendo elogios na mídia. Dessa vez, o jornalista Eduardo Guimarães, responsável pela coluna "Geléia Geral" no mesmo *Diário de Notícias* em que escrevia Cavalcanti, disse que Gal deu show cantando no seu primeiro LP solo, homônimo, lançado em março de 1969[12].

1969

Os ecos da apresentação de "Divino, Maravilhoso" marcaram a carreira de Gal Costa ao longo do ano de 1969. No dia 16 de abril, a coluna Música Popular, assinada pelo pseudônimo F.Q. e editada no

---

11 Cf.: CAVALCANTI, Flávio. Notas Afinadas. *Diário de Notícias*. Rio de Janeiro, p.2, 20 de dezembro de 1968.

12 Cf.: GUIMARÃES, Eduardo. Geléia Geral. *Diário de Notícias*. Rio de Janeiro, p.2, 24 de março de 1969.

Diário de Notícias, fez questão de narrar o que ocorreu no teatro Paramount durante o IV Festival de MPB da Record. Sobre o público, era gente que expandia "sua agressividade e frustração". Sobre Gal:

> Foi nesse ambiente que nasceu e se afirmou uma das maiores cantoras que o Brasil tem hoje: Gal Costa. Até então a moça baiana vivia enrustida em sua própria timidez, sem coragem para dar o grande salto entre o desempenho do papel de menina bem-comportada e a imposição do próprio talento e da própria criatividade[13].

Em entrevista intitulada "Gal, a Tropical", publicada pelo *Diário de Notícias* no dia 23 de junho daquele ano, é possível ler que a artista se deparou com o sucesso a partir de "Baby". Ela aponta "Divino, Maravilhoso", gravada no LP *Gal Costa* (março de 1969), como um diferencial. Segundo Gal, a canção era a afirmação "sempre crescente do tropicalismo". Quanto ao público, diz que o povo se interessou pelo movimento porque gostava de coisa nova; o tropicalismo "veio e ficou". A identificação das pessoas

---

13 Cf.: F.Q. A Nova Gal. *Diário de Notícias*. Rio de Janeiro, p.2, 16 de abril de 1969.

se deu porque a estética se propunha a "dizer o que sente e sentir o que diz"[14].

Alguns especialistas afirmam que o tropicalismo nunca atingiu as massas, contrariando o que Gal atesta na entrevista referida anteriormente. Músicas como "Baby" e "Que Pena", composição de Jorge Ben presente em *Gal Costa* (1969), estouraram e tocaram em todo o Brasil. Na verdade, a artista gravou dois discos homônimos em 1969. O primeiro,

---

14 Cf.: COSTA, Gal. Gal, a Tropical. *Diário de Notícias*. Rio de Janeiro, 23 de junho de 1969.

lançado em março, teve seu repertório escolhido pelos tropicalistas, incluindo a própria Gal. Eles se juntaram com o produtor Manoel Barenbein e construíram um álbum de estreia marcante.

De acordo com Barenbein, *Gal Costa* (1969) "tem uma mesma intérprete, mas cada faixa vai trazendo uma novidade para o ouvinte"[15]. De fato, em meio a efeitos sonoros sofisticados, Gal passeia pela maneira contida de cantar, assemelhando-se a sua fase bossanovista, mas as derivas vocais a conduzem por gemidos sutis que culminam nos gritos dados em faixas como "Se Você Pensa". A propósito dessa composição de Roberto Carlos e Erasmo Carlos, o pioneirismo de Gal em gravá-la inspirou outras cantoras. Elis Regina também a registrou em *Elis Regina in London* (1969) e Maysa a cantou no show *Canecão Apresenta Maysa*, que se tornou disco em 1969.

Algo fundamental na estética tropicalista é o que Caetano chamou, durante um debate em maio de 1966, promovido pela revista *Civilização Brasileira*,

---

15 Cf.: BARENBEIN, Manoel. In.: VIEIRA, Renato. *O Produtor da Tropicália – Manoel Barenbein e Os Álbuns de Um Movimento Revolucionário*. Rio de Janeiro: Garota Fm Books, 2022.

de retomada da linha evolutiva da música popular. Em síntese, os tropicalistas possuíam uma forte influência da bossa nova, sobretudo de João Gilberto. Entretanto, o movimento de retomada dialogava com o pré-bossa, demarcando a revolução causada por João e indo além no seu próprio percurso. Isso pode ser observado claramente no disco de março de 1969. Chama-se atenção para a faixa "Saudosismo", que começa com o romantismo da bossa nova e termina com guitarras.

O pré-bossa aparece nos arranjos de orquestra idealizados por Rogério Duprat. As orquestrações do maestro faziam uso da experimentação, característica ressonante da vanguarda à qual ele pertenceu no início dos anos 60, o movimento Música Nova. Por exemplo, a faixa que abre o disco *Gal Costa* (1969), "Não Identificado", possui um conjunto de cordas e efeitos que remetem a um disco voador. Sendo assim, a música recebe um arranjo que complexifica a relação entre a intérprete e os instrumentos, tal qual a canção pré-bossa. Só que, dessa vez, elementos modernos são adicionados. A intensidade é introduzida numa maneira diferente de cantar, totalmente inovadora com relação a tudo que havia sido feito antes. Gal incorporou cognitivamente essa nova maneira, colocando seu corpo-mente para agir.

Não é à toa que o crítico Augusto de Campos, discorrendo sobre o disco em questão, avalia a performance vocal de Gal Costa da seguinte forma:

> Ela rompe com a vocalização tradicional brasileira, descobrindo novas áreas sonoras de aplicação para as cordas vocais: o grito, o gemido, o murmúrio, glissandos e melismos inusitados: o "ruído", antes desprezado, ou até então desconhecido, passa a ter vez na voz[16].

O clássico livro em que se encontra o fragmento anterior fala muito pouco sobre Gal Costa. No entanto, entre outros fatores óbvios, a presença de profissionais como Manoel Barenbein e Rogério Duprat nos primeiros LPs de Gal fornece a esses produtos uma assinatura tropicalista. Infelizmente, livros seminais como o de Augusto de Campos optaram por analisar, principalmente, as obras de Caetano e de Gil.

---

16 Cf.: CAMPOS, Augusto (Org.). *O Balanço da Bossa e Outras Bossas*. São Paulo: Perspectiva, 2012.

Porém, como se sabe, este ensaio deseja ir ao âmago da encenação estética tropicalista segundo Gal Costa. Analisando a capa do primeiro álbum de 1969, vemos que, enquanto Caetano Veloso preparava um jogo alegórico do Brasil com as letras de suas músicas, Gal representava esse jogo com o corpo em cena. Celso Favaretto faz um escrutínio da canção "Tropicália", presente no disco *Caetano Veloso*, de 1968[17]. O pesquisador identifica no trecho "Viva a bossa / Viva a palhoça" uma construção imagética em que as metonímias "bossa", significando o todo "novo", e "palhoça", significando o todo "velho", pressupõem uma a outra e se contêm. Assim, o ideal de brasilidade é alegorizado.

Olhando para a capa de *Gal Costa* (1969), o mesmo pode ser observado com relação a um outro momento do país. Ali, é possível que a parte clara represente a juventude unida em torno da contracultura, e a parte escura, o golpe dentro do golpe; o AI-5; a prisão, a tortura e a partida dos amigos para o exílio. Os cabelos pretos de Gal combinam com a maquiagem carregada de seus olhos, dando

---

17 Cf.: FAVARETTO, Celso. *Tropicália Alegoria, Alegria*. São Paulo: Ateliê Editorial, 2007.

à metade de cima da foto um ar aterrador. A expressão da artista é a de quem aguarda hesitante algo acontecer.

Na metade de baixo, uma echarpe de penas brancas; um toque angelical, preservando as coisas boas que ainda se realizavam por meio da arte. A despeito de toda a escuridão que a rodeia, Gal olha para um ponto de luz que está à sua frente, e o brilho aparece em seus olhos preocupados.

O segundo disco de 1969, *Gal,* começou a ser vendido no final do ano. Há uma informação preciosa sobre a faixa "País Tropical", de Jorge Ben: Caetano, Gal e Gil a gravaram na véspera de os rapazes partirem para o exílio. Curioso escutar a descontração que os três demonstram nesse registro. Eles estão em sintonia, mas a voz de Gal se destaca. Os dois amigos brincam em torno dela, que comanda a sessão. Na letra, uma provável coincidência fazendo alusão a essa divisão de papéis:

"Posso não ser um *band leader*
Mas meus amigos, todos eles me respeitam
Essa é a razão da simpatia, do poder e da alegria"

Neste momento, fica claro que o tropicalismo segundo Gal Costa não contradiz a liderança de Caetano e Gil, apenas revê a cronologia dos fatos, a fim de compreender que essa estética não acabou quando os dois saíram do Brasil. Continuou com Gal, conforme seguiremos observando. Na letra de Jorge Ben, ela diz que possui o respeito dos amigos e que isso lhe confere poder, além de simpatia e alegria. Talvez essa seja uma das definições mais bonitas de sua participação no movimento.

Em *Gal* (1969), ela faz sua própria avaliação das múltiplas informações culturais que o grupo recebia; ativa sua inteligência corporal nesse sentido de amálgama. O disco se divide em dois estilos. O lado A seria mais comercial, ou radiofônico, enquanto o lado B seria mais experimental. É importante mencionar que o álbum tem arranjos de Duprat e uma sonoridade psicodélica e radical. O psicodelismo pode ser visto na capa de *Gal*, desenhada por Dircinho.

A contracapa traz uma fotografia registrada por Freitas, formando uma sinestesia na qual cabelos, figurino, luz, mãos e microfone se confundem. Tecnologia orgânica do canto e tecnologia elétrica da aparelhagem de som se deslocam de modo fragmentário. A ideia é que os fragmentos se percam no caos do grito que Gal Costa parece estar dando. Eles vão se dissolvendo e se condensando novamente, num devir que atinge uma alegoria única. Tropicalismo puro.

TAISSA MAIA | 59

Gal Costa, Tom Zé & Jards Macalé

No dia 16 de maio de 1969, o *Diário de Notícias* anunciava a estreia do show de Gal Costa e Tom Zé no Teatro de Bolso, Leblon, Rio de Janeiro. E não era qualquer espetáculo, mas um dos "melhores de música jovem já montados". A coluna de Ney Machado aposta que o sucesso dessa montagem se dá à força de Tom Zé. O chamariz é Gal, entretanto, o cronista diz que "a menina tem um fio de voz agradável, melodioso, tem ritmo e embalo, mas quando a musa começa a berrar feito uma louca (...)", então ele desiste[18].

A incursão de Gal e Tom Zé nos palcos de Ipanema foi chamada de *O Som Livre,* algo que os tropicalistas perseguiam incessantemente. Afinal, o movimento se opôs a prisões de conteúdo e forma musicais que eram impostas por determinados pensadores da MPB. Apesar de desagradar alguns críticos, o público ficava impressionado pela liberdade de Gal. Ela entrava naquele espaço, ocupado pela banda Os Brazões e por luzes coloridas, atraindo a todos. Sua

---

18 Cf.: MACHADO, Ney. A Força é Tom Zé. *Diário de Notícias*. Rio de Janeiro, p.2, 16 de maio de 1969.

roupa era estranha, e isso causava fascínio: casacão até os joelhos, colares de contas, cabelos encaracolados e selvagens.

Com Jards Macalé, no Teatro Oficina, em São Paulo, Gal também mostrou agressividade e ternura. Ela tinha 24 anos e se expressava corporalmente de um jeito único. O espetáculo era, mais uma vez, sobre... liberdade. A cantora improvisava, não tinha roteiro e fazia o que queria. Engraçado ela se definir como uma pessoa tímida, mas ser tão hipnotizante e enérgica em shows como esse. No repertório, Gal cantava as músicas do segundo disco de 1969 e outras, entre elas, "Acauã", de Zé Dantas, que viria a ser gravada em seu álbum de 1970.

O show com Macalé foi, nas palavras do *Diário da Noite*, uma "aparição de consumo" promovida pela empresa Tropicart[19]. Associaram-se Gal Costa, José Carlos Capinam, Jards Macalé e Paulinho da Viola numa companhia que visava administrar suas carreiras. Isso porque o empresário Guilherme Araújo havia saído do Brasil e eles precisaram se autogerir.

---

19 Cf.: VIANA, Hilton. Show da Gal. *Diário da Noite*. São Paulo, 28 de novembro de 1969. Segundo Caderno, p.6.

O negócio não dava dinheiro, então, Paulinho da Viola pulou fora, mas os três que sobraram realizaram dois trabalhos incríveis com a Tropicart: o disco *Legal* e o show *Fa-tal*.

Legal

Em matéria de liberdade na música, Gal Costa estava totalmente desprendida no álbum *Legal*, lançado em dezembro de 1970. Inclusive, é o único da carreira solo que possui uma composição sua. No período, a artista estava tão solta em seus improvisos que pegava o violão e criava, o que resultou em "Love, Try and Die", composta com Macalé e Lanny Gordin. Um foxtrote que versa sobre as tentativas de estar junto, unindo amor e morte. A letra é simples, mas a melodia é totalmente embebida nas características roqueiras e *folk* desse gênero americano, explorando os agudos de Gal. Tais agudos estão em contraponto aos graves de figuras ilustres que fizeram participação especial: Erasmo Carlos, Tim Maia, Naná Vasconcelos, além de Macalé e Lanny.

Gal Costa concebeu o disco enquanto visitava Caetano e Gil na Europa. Ela queria algo diferente dos trabalhos de 1969, e o intercâmbio com os amigos exilados rendeu duas músicas inéditas, "Mini Mistério", de Gilberto Gil, e "London, London", de Caetano Veloso. A capa de *Legal* foi feita por Hélio Oiticica, e a direção de produção ficou a cargo, mais uma vez, de Manoel Barenbein.

O trabalho de Oiticica produz significados a partir do cabelo da artista, que é um componente simbólico de seu corpo e que demarca o pertencimento a uma comunidade. Não foi gratuita a mudança radical das madeixas de Gal entre sua fase bossanovista e "Divino, Maravilhoso". Oiticica percebeu isso e imbuiu a capa de *Legal* de mechas enfeitadas por imagens icônicas, pertencentes ao imaginário jovem da época[20]. Trabalhar com fragmentos é um dos aspectos estéticos tropicalistas. Oiticica o fazia com imagens de se ver, Gal o fazia com imagens de se ver, ouvir e sentir.

Entre barulhos da natureza e um arranjo bonito, Gal canta "Acauã", de Zé Dantas, com afinação perfeita e sensações de mistério. Para aprimorar o repertório de *Legal*, ela trouxe da Europa as composições de seus companheiros e nem precisou passar pelo crivo de Barenbein. Os dois apenas conversavam sobre o que fazer e o que não fazer com as canções. Gal Costa provou ter uma versatilidade ímpar com esse trabalho. Nele, canta desde um blues, "Hotel das Estrelas", de Macalé e Duda Machado, até um samba tradicional, "Falsa Baiana", de Geraldo Pereira.

A verdade é que, apesar de um início de carreira cheio de perspectivas, a barra estava dura para Gal no Brasil. O regime militar mostrava seus dentes afiados após o Ato Institucional nº 5. Gal Costa ha-

---

[20] Rafael Noleto faz um debate sobre a capa de *Legal* (1970) que me serviu como fonte. Cf.: NOLETO, Rafael da Silva. Eu Sou Uma Fruta Gogóia, Eu Sou Uma Moça: Gal Costa e o Tropicalismo no Feminino. In: *Per musi*. nº 30, 2014.

via perdido os melhores amigos, que foram forçados a se retirar. Não podia estar com eles por questões financeiras e, também, porque precisava levar o tropicalismo adiante. Naquele momento, apenas cantar a satisfazia. Assim ela continuou fazendo em seu próprio país, expondo seu corpo nas ruas tomadas por militares. Mas a voz de Gal é tão potente que virou internacional.

A menina era geniosa, como afirma a jornalista Gilse Campos, em matéria para o *Jornal do Brasil*, publicada no dia 28 de dezembro de 1970: "Entrar na de Gal significa apenas aceitar uma liberdade que ela só admite total"[21]. Em território brasileiro os empecilhos para isso eram enormes. Então, mesmo que significasse uma dor sair, visitar Caetano e Gil na Europa acabava sendo, paradoxalmente, um alívio. O alívio de uma nova ambiência sensível-musical, pois lá o novo podia germinar sem o aparato da repressão.

No final de 1970, Gal e os amigos que moravam em Londres participaram do III Festival da Ilha de Wight. Eles foram pessoas comuns e, ao mesmo tempo,

---

21 Cf.: CAMPOS, Gilse. O Canto Livre de Gal. *Jornal do Brasil*. Rio de Janeiro, p.2, 28 de dezembro de 1970.

pessoas famosas, pois dormiram acampados em barracas, mas tiveram a oportunidade de subir no palco. Numa matéria da *Rolling Stone*, um morador da ilha, no auge de seus 70 anos, dizia que o festival era "um plano hippie em andamento para perturbar a civilização anglo-saxã por meio da venda de drogas aos jovens". Os conservadores tentaram intervir, mas o festival foi tranquilamente liberado pelo governo.

Havendo conspiração hippie ou não, os brasileiros invadiram a terra da rainha. Segundo a edição americana da revista *Rolling Stone*:

> O psicodelismo dos dois primeiros dias foi quebrado duas vezes, por Terry Reid e pelos músicos brasileiros Gilberto Gil e Gaentano [sic] Veloso, que estavam em uma turnê europeia com Sergio Mendes, e vieram para a Ilha de Wight. Uma fita com as harmonias de Devastation Hill foi enviada ao palco e eles foram convidados a tocar. Com 13 amigos, 11 dos quais bateram palmas e cantaram junto, de dentro de um gigantesco vestido de festa vermelho de plástico, eles cantaram meia hora da bela bossa nova. Uma a uma, as de vestido vermelho se despiram, nuas, mas timidamente evitando a exposição

frontal enquanto balançavam para fora do palco, deixando para trás uma plateia encantada[22].

"Gaentano" lembra que Gal Costa fez os *backing vocals* desse acontecimento britânico. Pouco importa se ela tirou a roupa ou não, o fato é que voltou transformada da experiência. Na referida entrevista ao *JB*, concedida à jornalista Gilse Campos, ela diz: "Tudo é uma coisa só. Só admito a vida assim, sem preconceitos. O amor, assim como a música, só existe enquanto livre para todas as pessoas. Porque ele é total e aberto." Será que nessa fala a artista trata da comunidade que hoje chamamos de LGBTQIA+? Talvez nunca saibamos, mas é certo que o amor foi o afeto que permitiu sua resiliência para ser a porta-voz do tropicalismo quando retornou ao país da opressão e da morte.

Fa-Tal

Em 1971, o show *Fa-tal* estreava no Teatro Tereza Rachel, no Rio de Janeiro. Foi uma encenação be-

---

22 Cf.: HODENFIELD, Jan; BAILEY, Andrew; O'SULLIVAN, Eithne. Wheeling And Dealing on The Isle of Wight. *Rolling Stone*. USA, 1 de outubro de 1970.

la e obscura, como os tempos em que se realizou. Ele foi dividido em duas atmosferas: a primeira, sombria, na penumbra, que é bem representada por músicas como "Assum Preto", de Luiz Gonzaga e Humberto Teixeira. O assum-preto é um pássaro nordestino cujos olhos foram furados, impedindo-o de enxergar a beleza da mata e do céu que o rodeiam. Seu canto é de dor. Nada muito distante da realidade de Gal Costa. Isolada, Gal sentia arder a explosão da contracultura, ao mesmo tempo que seus conhecidos gritavam nos porões da ditadura.

Numa entrevista à *Bizz*, realizada em 2006, Gal dá sentido aos gritos que bradava durante as exibições de *Fa-tal*. Sofrendo, empunhava a guitarra como uma arma: "Era uma dor no peito, de reclamar e brigar. Por isso adotei os gritos, a psicodelia. Queria reclamar de tudo o que estava acontecendo, as prisões, a ditadura"[23]. Ela foi capaz, não de derrubar o regime com sua força, mas de aglutinar a juventude em propostas de um outro Brasil; o país do desbunde, da alegria trágica e do vampiresco.

---

23 Cf.: SEM AUTOR IDENTIFICADO. 35 Anos do Fatal – Desbunde Music. *Bizz*, São Paulo, novembro de 2006.

Jorge Mautner possui uma crônica, que pode ser encontrada no seminário *O Pasquim*, em que menciona "Como Dois e Dois", de Caetano, música do repertório de *Fa-tal*. A canção exprime o que ele chama de vampirismo. Ou seja, "Como Dois e Dois" é profunda, sexual, obsessiva e cheia de fantasias. Sobre o tema, Mautner afirma: "Grandes cantores e artistas captam toda sorte de emanações, e sendo muito sensíveis, registram todas e como o vampirismo é uma emanação das mais fortes eles tinham que ser algo vampirescos em suas músicas"[24].

Para o tropicalista, Gal incorporava o olhar magnético do vampiro. Sua profundidade, sexualidade e fantasia estavam no corpo. Algo que parece óbvio, mas nem tanto. Como já vimos, por focar muito na letra da canção, a crítica musical – fosse feita por jornalistas ou por acadêmicos – acabou por preterir a corporalidade como um dado a serviço da compreensão dos significados propostos pelo artista.

A segunda atmosfera de *Fa-tal* é a alegre e lúdica, mas, nem por isso, menos desconcertante. Ela pode

---

24 Cf.: MAUTNER, Jorge. Vampiro! *O Pasquim*. Rio de Janeiro, novembro de 1971, p.3.

ser vista em números como "Bota as Mãos na Cadeira", do cancioneiro popular baiano, e "Não se Esqueça de Mim", de Caetano Veloso. Essa última possui uma letra que, numa outra melodia, poderia ser melancólica. Considerando o contexto, trata-se de um recado para que Gal, o Brasil, a família e todos os que amavam Caetano não permitissem que o exílio apagasse sua vivacidade. A poesia é um devaneio que mistura a chuva de Londres, onde ele se encontrava, com as lembranças do carnaval na Bahia. Contudo, a música animada minimiza tal carga e faz com que Gal aparente estar vibrando atrás de um trio elétrico.

O público que ia assistir a *Fa-tal* se deparava com uma intérprete de 26 anos, magra e que usava um figurino inventado por ela com a ajuda de Silvia Sangirardi: um corpete com saia de cintura baixa, indo quase aos pés. Gal pintava a testa de dourado. No cenário, podia-se enxergar a palavra "Fa-tal", retirada de um poema de Waly Salomão; o design revelava as tendências construtivas da arte brasileira, relacionadas às concepções de Hélio Oiticica.

Na Praia de Ipanema, havia uma espécie de aura energética que protegia os adeptos do desbunde. *Fa-tal* foi um show alternativo feito por e para as pessoas que frequentavam esse trecho da praia. Palco e plateia performavam um ritual de proteção, no qual se extravasava tudo o que estava reprimido no cotidiano. Gal ouviu de amigos que meninas e meninos se masturbavam durante o show. O ato era próprio do momento, já que, em *Fa-tal*, a sexualidade se misturava à encenação estética de Gal Costa.

O trecho da Praia de Ipanema frequentado pelos desbundados não era qualquer trecho. Eram as Dunas da Gal, batizadas dessa forma porque a artista era *habituée* e por ali lançava moda. Ela começou a ir naquela faixa específica de areia pelo vazio causado por uma obra de infraestrutura. Seu fiel escudeiro era Jards Macalé, e a presença dos dois fez com que começassem a se reunir nas dunas todos os intelectuais, artistas, hippies e fãs. Quando lotou demais, o fenômeno se dispersou.

Por se banhar ao sol nas dunas, Gal tinha o corpo dourado, o que acrescentava mais um elemento erótico a sua persona. A cantora saía dali e se arrumava para se apresentar em *Fa-tal*, onde sensualizava como um método de envolver o público. Quase como numa obra participativa de Hélio Oiticica, ela instaurava um regime de visibilidade e invisibilidade de partes do seu corpo, convidando a audiência a interagir.

Naquele momento do Brasil, nada era mais desafiador para o modelo de feminilidade do que a liberdade sexual. Afinal, a rainha do lar tinha apenas a sensação de que comandava e controlava os eletrodomésticos; as "máquinas de uma cozinha-fábrica", como diria a historiadora Michelle Perrot. Contudo, a harmonia do núcleo familiar só podia ser preservada com a presença de um homem. Assim, a família tradicional branca configurava seu lugar na (re)produção de uma sociedade burguesa. Mulheres provocando os costumes eram uma ameaça.

Os gestos de Gal eram ousados, agressivos e marginais. Eles causavam tensões nas imagens do que era ser mulher. Tudo isso com o objetivo de contestar. Ela não procurava o enfrentamento físico da luta armada, ou o intelectual, do Partido Comunista Brasileiro. Seu corpo em cena bastava para ser ofensivo em todas as dimensões. Tanto que, em 1979, olhando para o passado, ela relembra: "A fase sexy existe desde o começo. Só que era agressiva"[25].

---

25 Cf.: COSTA, Gal. [Entrevista concedida a] ALENCAR, Míriam. Gal Costa – Sou Uma Mulher Sensual, Não Sou Radical. *Jornal do Brasil*. Rio de Janeiro, 7 de janeiro de 1979. Caderno B, p.1

Transformado muitas vezes, o corpo de Gal Costa foi um artifício utilizado por ela mesma no sentido de cartografar as discussões estéticas de cada período em que viveu. No final dos anos 60 e início dos 70, a Tropicália, em suas diferentes manifestações artísticas, estava sendo pressionada por causa do avanço mais violento da ditadura militar. O universo temático das canções tropicalistas passou a versar sobre armas de fogo, conflitos urbanos, desagregação de valores, entre outros. A intervenção dessa vanguarda na história da arte brasileira se desdobra na proliferação de comportamentos dissidentes, como o desbunde (Dunas da Gal) e a cultura marginal (*Fa-tal*).

Em que pesem os desentendimentos entre ambos, Gal Costa parecia sintetizá-los numa criação performática autoral: *Fa-tal* foi encenado pelo material orgânico, corpóreo; pela voz-instrumento, que se alimenta de sensações para, então, despertá-las no público. *Fa-tal* deslocou o "estranho" para o erótico, fazendo algo sedutor dos muitos "Outros" que habitavam um Brasil sob vigília[26].

---

26 Fred Coelho possui uma discussão sobre a cultura marginal nas décadas de 60 e 70 que me serviu como fonte. Cf.: COELHO, Frederico. *Eu, Brasileiro, Confesso: Cultura Marginal no Brasil das Décadas de 1960 e 1970*. Rio de Janeiro: Civilização Brasileira, 2010.

Talvez tenha sido no palco de *Fa-tal* que melhor se resolveram os dilemas entre desbunde e cultura marginal. Afinal, para que o show acontecesse, um precisava beber da fonte do outro.

Tudo isso era agenciado pelo corpo de Gal Costa. Conforme conceito de Suely Rolnik, um corpo vibrátil[27], ou seja, aquele que encontra outros corpos (o público, os músicos...). Nesse sentido, a expressão artística traceja os efeitos e os afetos acionados pela corporalidade. Especialmente durante a ditadura, período em que seu corpo vibrátil estava adoecido e intoxicado, Gal arquitetou estratégias de sobrevivência desejantes, pulsantes e eróticas. No erotismo estava o antídoto para o veneno.

Tanto que, na edição n° 0 da revista *Rolling Stone*, em novembro de 1971, o sorriso feliz de Gal Costa estampa a capa. A alegria é genuína, sem se colocar no limite com a tragicidade e o desespero. Sua barriga está de fora, e a roupa é de cintura baixa, do jeito que ela costumava usar. Os editores da versão brasileira da *Rolling Stone* viram em Gal a personali-

---

27 Cf.: ROLNIK, Suely. *Cartografia Sentimental: Transformações Contemporâneas do Desejo*. São Paulo: Estação Liberdade, 1989.

dade que tinha a cara da revista e do público. Sendo assim, a artista estava muito à vontade e dispensava tensões convulsivas. Olhando para a capa, parece que a sensualidade, os acessórios indígenas e a maquiagem pesada estão ali para seu deleite.

Luiz Carlos Maciel, jornalista que capitaneou o projeto da Rolling Stone brasileira, escreve na edição n° 0:

> Para aqueles que, como eu, esperavam de Gal uma mostra evidente de que ela não está parada, descansando na cama macia do estrelato, seu último show [*Fa-tal*] foi uma resposta preparada sob medida. Talvez mais ainda que os discos, seus shows evidenciam as direções de sua evolução.[28]

Tamanho foi o fervor produzido por Gal Costa em *Fa-tal* que o espetáculo se tornou o primeiro álbum duplo gravado ao vivo no país, denominado *Fa-tal – Gal a Todo Vapor*.

Seria impossível entrar em estúdio e copiar o que havia ocorrido no Teatro Tereza Rachel. A arte da

---

28 Cf.: MACIEL, Luiz C. Gal Mutante. *Rolling Stone*, n°0, novembro de 1971.

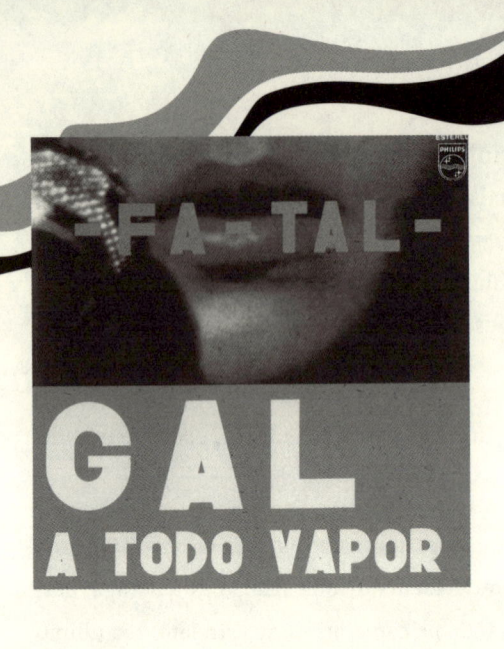

capa chega perto de representar o fenômeno contracultural e marginal: vemos o sangue e o calor, expressos pelas cores vermelho e amarelo; vemos a rigidez na tipografia, no preto e no cinza. Por fim, todas as demonstrações da encenação estética tropicalista de Gal Costa cabem nas curvas de seu lábio e queixo. Questionamento, provocação, pressão, angústia, alegria eufórica e desejante... Os atributos eróticos se presentificam em um rosto parcialmente visível e adornado pelo orifício de onde sai a sua voz.

Índia

A fase de *Índia* (1973) continuou deslindando os signos políticos do corpo de Gal. A capa do disco foi censurada, podendo ser vendida apenas envolta numa embalagem preta. O motivo? Estampava um close da região frontal dos quadris da artista coberta por um biquíni vermelho e adereços indígenas. Desse modo, o tropicalismo segundo Gal Costa é, até *Índia*, pelo menos, um vulcão de mobilização da juventude; um vulcão carnal, contracultural e que contestava um dos maiores pilares da sociedade brasileira: a família tradicional burguesa, com seus papéis de gênero definidos de acordo com as necessidades do capitalismo imperialista.

Na entrevista à revista *Bizz*, a jornalista Ana Maria Bahiana revela que Gal Costa era o "objeto do desejo de homens e mulheres". A questão da homossexualidade também atravessava a cartilha política que Gal incorporava, ainda que ela não falasse sobre isso publicamente. O fato de todos na cena intelectual carioca saberem que a artista namorava mulheres era bastante revolucionário. Tal atitude rompia com o machismo exacerbado da época, inclusive o da própria esquerda.

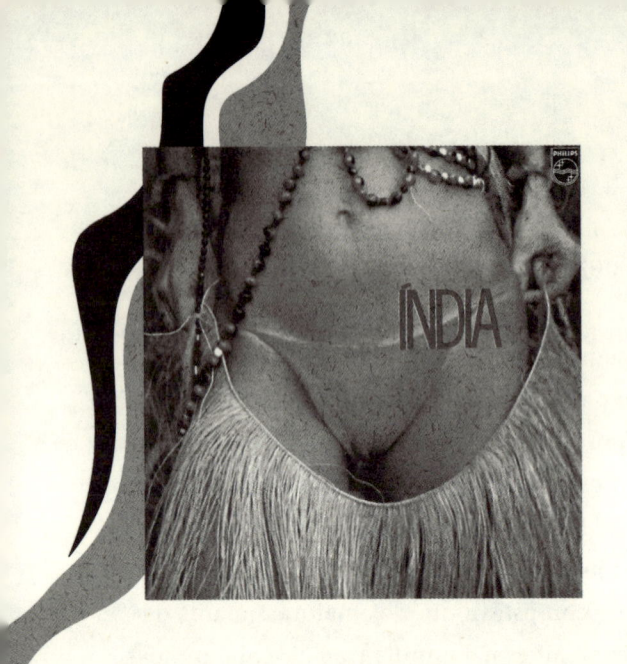

Sobre a formação de um possível núcleo familiar alternativo, em conversa com a *Bondinho*, em 1972[29], Gal Costa pensava em ser mãe solo, sem se casar. Poderia ter um filho com um amigo homem de quem gostava muito... Ou seja, mesmo para a mídia alternativa, ela não revelava suas relações homoafetivas. Gal sempre se manteve extremamente reservada.

---

29 Cf.: COSTA, Gal. GAU – 1972. In: COHN, Sergio; JOST, Miguel (Org.). *Entrevistas – Bondinho*. Rio de Janeiro: Azougue, 2008, p.301-306.

Cabe lembrar que o Brasil atravessava um período ditatorial. Discursos que desafiavam os costumes e a moral precisavam ser escamoteados por meio de metáforas. Aliás, qualquer discurso que tinha o governo como alvo. No disco *Índia*, além da capa, há uma gravação que merece destaque por sua crítica à política econômica do regime militar: "Presente Cotidiano".

A gestão golpista de Emílio Garrastazu Médici apostou na modernização dos setores agrícolas para manter a ideia do "país que vai para a frente". O general só não contava com o declínio do chamado "milagre econômico" e o início de uma crise que Luiz Melodia expressa na letra:

"Tá tudo solto na plataforma do ar
Tá tudo aí, tá tudo aí
Quem vai querer comprar banana?
Quem vai querer comprar a lama?
Quem vai querer comprar a grama?"

O trecho revela um pessimismo diante do subsídio ao agro; é uma denúncia à promessa da economia próspera e desenvolvida[30]. Onde se encontra o mercado interno? Sofrendo com a inflação e o aumento da desigualdade. "Quem vai querer comprar banana?". Ao longo da canção, Gal vai repetindo: "Quem vai querer comprar", que se torna "quem vai querer?", até o derradeiro "quem?". Musicalmente, ela também opera a repetição com a voz, reforçando a pergunta que precisa ser escancarada e feita diversas vezes até que alguém responda.

Em 1973, Gal Costa montou o show *Índia*, que não necessariamente reproduzia o mesmo repertório do disco. "Presente Cotidiano" nem sempre está lá, por exemplo. Em compensação, encontram-se temas de suas primeiras aventuras tropicalistas, como "Divino, Maravilhoso" e "Mamãe, Coragem". Podemos achar uma valiosa filmagem desse espetáculo na internet. Por meio dela, somos informados

---

30 Kaio Steffano R. de Sousa possui uma análise sobre a relação entre as questões econômicas da ditadura militar e o disco *Índia* (1973) que me serviu como fonte. Cf.: SOUSA, Kaio S. R. *As Entrelinhas da Política Militar Desvendadas pela Música: Gal Costa e a Denúncia Musical dos Projetos Políticos e Econômicos Setentistas*. Monografia (Graduação em História) – Faculdade de Ciências Sociais da Universidade Federal de Campina Grande. Paraíba: 2019.

que aquela edição em específico foi apresentada pela TV Bandeirantes[31].

Heraldo de Oliveira assina o cenário onde músicos e manequins fantasiados convivem, formando uma trupe bastante diversa. Gal Costa entra em cena cantando "Ave Maria", seguida por "Ave Maria no Morro", de Herivelto Martins. A postura inicial de Gal é calma, não há grito algum e, não fosse o batom vermelho, estaríamos diante de Gracinha. Corta. Os patrocinadores fazem seu anúncio e ela retorna, sendo introduzida por um som estranho que lembra uma sirene. Logo, as improvisações vocais avisam que Gal Costa está de volta aos palcos, só que trajando um vestido vermelho brilhante, decotado e com fendas nas pernas.

Durante a apresentação de "Mãe Menininha", composição de Dorival Caymmi, Gal se senta e as fendas se abrem. Desfocado, ao lado, um manequim com cabelo *black power* e uma Coca-Cola. Uma lembrança da Gal de 1969, que parece tão diferente em 1973. Nessa filmagem, ela está com o corte mais alongado adornado por duas flores, uma branca e a outra, é claro, vermelha.

---

31 Confira o vídeo na página do livro no site da editora.

Gal Costa está sorrindo para as câmeras. A plateia está comportada em suas cadeiras. Mesmo os jovens que, provavelmente, não conseguiram lugar e tiveram de se sentar no chão, não demonstram um pingo de subversão. O enquadramento aqui é outro: um produto encomendado por uma emissora acompanhada de perto pela censura. Não é mais *Fa-tal*. Todavia, alguns elementos se fazem presentes: entre "Trem das Onze", de Adoniran Barbosa, e "Milho Verde", de Gilberto Gil, a cantora vai até o manequim de 1969 e toma uma Coca-Cola – gesto tropicalista, que "profana" o reino sagrado da MPB com objetos do cotidiano.

Algumas músicas são interpretadas por Gal sentada num banquinho com violão. Ela come a bossa nova e a deglute em sua encenação estética tropicalista. Enquanto toca "Volta", de Lupicínio Rodrigues, a câmera se aproxima do manequim *black power* e vemos que se assemelha a Caetano Veloso. Os dois dividiram cortes de cabelo parecidos, o que reforçava a associação entre eles. No início da carreira, em muitos momentos, Gal tentou não ser a versão de saias de ninguém. As saias eram de Gal Costa e ponto. Nessa leitura do projeto *Índia* que estamos analisando, as saias ganham vida própria, porque manipulam sozinhas a estratégia de visibilidade e invisibilidade do corpo. A audiência não se demonstra afetada por isso. Automatizações características da indústria cultural que estava se consolidando no Brasil e interferindo na obra de Gal Costa.

PARTE III
MARIA DA GRAÇA

A inclinação tropicalista de Gal Costa tem uma queda abrupta após *Índia*. O disco *Cantar* (1974) é, segundo ela, delicado e minimalista. Foi Caetano quem produziu, e o show não fez sucesso. A persona política de Gal vai se esvanecendo com *Cantar*. A ordem do dia deixa de ser urgente, e ela se permite flanar por canções como "Barato Total", de Gil, e "Lua, Lua, Lua, Lua", de Caetano.

"Barato Total", embebida na estética hippie, possui uma mensagem que foge ao incômodo: "Tudo que você disser deve fazer bem / Nada do que você comer deve fazer mal". Assim, posiciona-se contrariamente ao ápice do tropicalismo segundo Gal Costa, ao show *Fa-tal*, que trabalhava com o incômodo para gerar deslocamento no ouvinte.

É possível que o jeito comportado de *Cantar* refletisse aquilo que Caetano estava vivendo na época. Após o exílio, viu-se forçado a chegar no Brasil mais recluso. No ano em que produziu o disco de Gal, fez um show no Teatro Vila Velha que foi descrito assim pelo *Jornal do Brasil* no dia 29 de janeiro de 1974: "O público teve a surpresa de assistir a um artista inteiramente mudado, contido, sem trejeitos, sem rebolados delirantes"[32]. Ele havia saído de uma experiência desagradável em seu último show, que, após desentendimento com a audiência, rendeu-lhe quinze dias de suspensão pela censura.

Há algo que o *Jornal do Brasil* não diz: a experiência de Caetano na Inglaterra foi muito dura. No documentário *Tropicália*, ele relembra: "O exílio me deixou sem coragem para dar passos grandes. Meio, tipo: 'Eu mal consigo sobreviver'. Eu estava deprimido, assustado... Depois de dois meses de cadeia, quatro meses de confinamento, chegar no exílio num lugar que só chovia era fogo." Sendo assim, é interessante pensar que o Caetano "contido" foi um resultado disso. Outro ponto que vale ser notado são os "trejeitos" e "rebolados delirantes". Justificadamente, o trauma com a ditadura militar e o embate com os fãs, que esperavam dele um posicionamento verbal ao retornar, fez com que Caetano buscasse certa sobriedade que se estendeu ao trabalho de Gal, *Cantar*.

Isso se exprime na capa do disco. Sem boca vermelha, sem bíquini vermelho, apenas com uma flor

---

32 Cf.: GROPPER, Symona. Caetano Bem Comportado. *Jornal do Brasil*. Rio de Janeiro, 29 de janeiro de 1974.

no cabelo mais alisado. A cor da flor? Um vermelho desbotado. O rosto de Gal Costa está coberto pelas mechas, e o olhar aparece cabisbaixo. Será que é Gracinha quem está ali? Só se vê colorido no título do álbum, *Cantar*. Caetano Veloso havia voltado do exílio, e a encenação estética de Gal vai deixando de ser canalizada por seu corpo-mente para ocupar sua posição em mais um projeto liderado pelo amigo.

Dos discos que levam seu nome àqueles que rimam com Gal, terminando no título *Índia*... Todos dizem respeito a ela. Mas "cantar" é um verbo sem sujeito. Gal Costa está em outra nesse trabalho, e a força do tropicalismo só retorna de forma intensa com os Doces Bárbaros, em 1976. Trata-se de um refluxo da estética tropicalista.

Doces Bárbaros

O quarteto Gal Costa, Caetano Veloso, Gilberto Gil e Maria Bethânia, batizado de Doces Bárbaros, realizou o primeiro show como uma homenagem a seus dez anos de carreira. O espetáculo saiu na turnê de 1976, interrompida forçosamente quando Gil e o baterista Chiquinho Azevedo foram presos por porte de maconha em Florianópolis. Depois do incidente, voltaram para uma temporada bem-sucedida no Canecão.

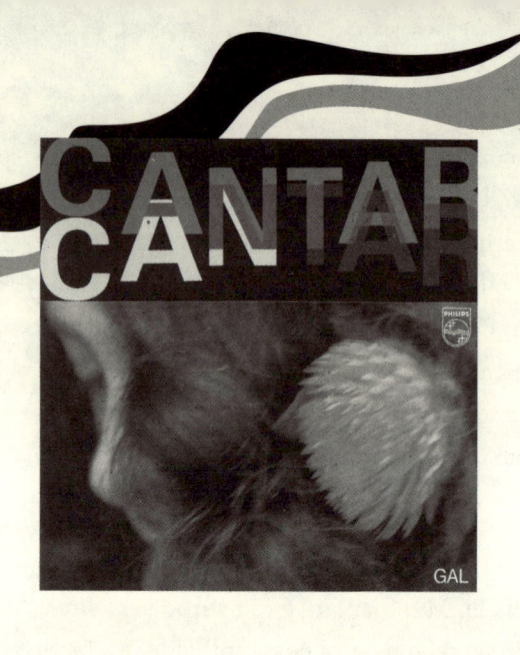

O documentário homônimo sobre essa releitura tropicalista mostra Gal e Caetano desprendidos e rebolando. Ela está vestida como uma fada meio hippie, meio cigana, faz sucesso com os fãs e está regressando a uma região mais destemida vocalmente. De acordo com o pesquisador Renato Contente, o conjunto fez da festa e da libertação afetivo-sexual um aceno político, incomodando o Serviço Nacional de Informações (SNI). O órgão produziu um relatório confidencial registrando que os quatro contestavam as instituições e os costumes da população brasileira[33].

Somada ao SNI, a esquerda também se incomodava com o quarteto. Numa entrevista para a *Folha de S. Paulo* em 12 de julho de 2015[34], o jornalista Luiz Carlos Maciel revela que existia certa hostilidade de alguns membros do *Pasquim* com os baianos. Chamados pejorativamente de "bahiunos" e "invasores odaras", o grupo, que, antes de tudo, era nordestino com muito orgulho, valeu-se da ofensiva e se assumiu como bárbaro, porém doce. Um exemplo da má tratativa é Roberto Moura que, escrevendo para *O Pasquim*, classifica a empreitada dos Doces Bárbaros como um engano e uma pretensão pseudo-vanguardista[35].

---

33 Cf.: CONTENTE, Renato. *Não Se Assuste, Pessoa! – As Personas Políticas de Gal Costa e Elis Regina na Ditadura Militar.* São Paulo: Letra e Voz, 2021.

34 Cf.: MACIEL, Luiz Carlos. Conexão Underground. *Folha de S. Paulo.* São Paulo, Ilustríssima, p. 5, 12 de julho de 2015.

35 Cf.: MOURA, Roberto. Um Show Muito Família. *O Pasquim.* Rio de Janeiro, julho de 1978.

Logo numa das primeiras cenas do referido documentário de Jom Tob Azulay, o quarteto ensaia jogado no chão do palco. Gal Costa perto da bateria, Caetano sentado ao lado dela, Gil deitado de bruços e Bethânia repousada em suas costas. Eles se divertem, e sabemos, então, que a festa, a espera, a angústia e a violência da encenação estética de Gal, anterior ao reencontro, tinham um caráter subjetivo: a maneira como a cantora lidou com o exílio de Caetano e Gil, entre outros colegas. Sintonizando a sua dor com a das mães, pais e jovens brasileiros, Gal Costa encarnou a voz dos espíritos desassossegados.

Agora o desassossego havia se convertido em celebração, e, visivelmente, Gal Costa se sente acolhida no grupo. O contrário acontece ao entrarem os repórteres. Numa sessão com a mídia, os Doces Bárbaros se manifestam nas figuras de Caetano e Gil. Gal e Bethânia permanecem caladas e emburradas. Na próxima cena do documentário, Gal é evocada com a interpretação de Gil para a música "Quando", que ela assina junto aos dois rapazes do quarteto. Gal Costa e os demais estão nos *backing vocals* de "Quando", que é uma homenagem a Rita Lee, portanto, nada mais justo do que Gil fazer o solo – ele era chamado por Rita de guru.

Após "Quando", vem o fim de um dos shows. Eles se despedem numa coreografia meio atrapalhada e totalmente alto-astral, como diz a canção de encerramento, "Os Mais Doces Bárbaros". É a vez de as mulheres surgirem em frente à câmera. Gal Costa e Maria Bethânia estão sorrindo, e fãs começam a entrar no camarim. Elas os recebem com beijinhos.

No documentário de Azulay, existem lindas passagens exibindo Gal, e vamos finalizar com aquela em que a artista canta "Eu Te Amo", de Caetano Veloso. Seu corpo-mente trabalha com rigidez nos braços para agarrar o microfone e balanço na cintura. O figurino deixa sua barriga toda de fora, e o instrumento orgânico se contrai e se solta com o fluxo respiratório. Contorções exibem a sensualidade de uma mulher expressiva, que, tal como consta no relatório do Serviço Nacional de Informações, contestava os costumes da população brasileira.

TROPICAL

Em 1977, veio o disco *Caras e Bocas*. Na faixa de abertura, homônima ao álbum, Gal Costa assume um eu lírico, escrito por Caetano e Bethânia, que viria a lhe subjetivar por toda a carreira: "Quando falo de amor ou desejo / Minha boca se mostra macia / Vermelha". Os lábios sensuais seriam sua marca registrada. Ao voltar do exílio, Caetano adotou esse tipo de maquiagem, a fim de mostrar sua identificação com a continuadora do tropicalismo. Para Renato Contente, a atitude significava uma retomada do bastão tropicalista que Caetano havia deixado nas mãos dela.

Querendo divulgar *Caras e Bocas*, Gal Costa montou o show *Com a Boca no Mundo*, também de 1977. Dessa vez, ela assinou a coordenação dos arranjos, algo que jamais havia feito. Gal dizia que não gostava de ser dirigida, porque sua espontaneidade estava de acordo com sua emoção no momento. Portanto, em sintonia com os músicos e com Flávio Império, o diretor musical, ela assumiu a função.

A improvisação de seu corpo ao vivo, que, de acordo com o conceito de Silviano Santiago, é inconveniente, lançava-se no campo político. Como poderia ser diferente? Contente afirma que a postura de Gal Costa na passagem entre as décadas de 70 e 80 aumenta em termos de apelo comercial, em detrimento do apelo político. Faz-se uma provocação: de que tipo de política estamos falando? Realmente, a tropicalista quase não se evidenciava mais. No entanto, a negociação com a indústria cultural se materializava em um terreno de escolhas e estratégias políticas.

O ano de 1979 foi marcado pelo disco e pelo show *Tropical*. Gal já estava na casa dos 30, mais amadurecida, e Guilherme Araújo idealizou um produto de entretenimento que aludia às divas do cinema norte-americano. A performance de Gal Costa sempre fugia à norma, e letras bonitas não ditavam uma encenação confortável. Nada disso! A letra em Gal não é o aspecto primordial. O que se destaca é o movimento da palavra na melodia, dos passos improvisados no corpo vibrátil, que aceitam, ao mesmo tempo que resistem à hegemonia da indústria cultural, formando um dissenso.

Ouça uma canção como "Índia", exemplo da fase tropicalista: apesar de na versão de *Tropical* o ar soturno e misterioso não estar presente como acontece em 1973, o novo arranjo é finalizado com Gal dando um dos gritos mais agudos do álbum inteiro. Porém, esse grito não é um ruído, pois é perfeitamente afinado. Na primeira versão, "Índia" sobe numa atmosfera dramática. Em *Tropical*, a artista a leva para uma zona festiva que está presente no trabalho todo. Mas a celebração não é vazia, pois ainda dialoga com a euforia tropicalista, aquela que aceita a vida em sua contingência. É a potência de uma alegria trágica.

Em *Tropical*, ocorre o famoso duelo entre a artista e a guitarra de Robertinho de Recife na faixa "Meu Nome é Gal". A canção foi composta para ela por Roberto e Erasmo Carlos, lançada pela primeira vez em *Gal* (1969). A diferença entre os arranjos de ambas as versões mostra de forma clara as épocas distintas. No álbum de 1969, há uma forte presença do rock, misturada à maneira de cantar bossanovista e aos gritos e gemidos marginais. No meio da música, um manifesto:

"Meu nome é Gal
Tenho 24 anos
Nasci na Barra Avenida, Bahia
Todo dia eu sonho alguém para mim
Acredito em Deus
Gosto de baile, de cinema
Admiro Caetano, Gil

Roberto, Erasmo

Macalé, Paulinho da Viola

Lanny, Rogério Sganzerla

Jorge Ben, Rogério Duprat

Wally, Dircinho

Nando e o pessoal da pesada

E se um dia eu tiver alguém com bastante amor para me dar

Não precisa sobrenome

Pois é o amor que faz o homem"

A heterossexualidade de Gal Costa é compulsória nessa canção. No entanto, "Meu Nome é Gal" fala mais do movimento em que ela se inseriu do que de qualquer outra coisa. Por isso os demais tropicalistas são citados. O arranjador da versão de 1969 é Rogério Duprat, com sua orquestração inspirada no pré-bossa; já a versão de 1979 tem o arranjo assinado por Perna Fróes. Essa última termina com a percussão de um samba-enredo, remetendo ao caráter de produto de exportação presente em *Tropical*.

Acredita-se que o álbum foi a pedra basilar da intensa estratégia de agenciamento com a indústria cultural que Gal Costa começou a fazer. A capa do disco traz o batom vermelho e os olhos carregados pela maquiagem, típicos da fase em que o sexual era encenação estética tropicalista.

Por sua vez, na contracapa, ela aparece com um vestido e uma pose como quem diz "sim" para o comercial. Tais contradições participaram de sua carreira até o final da vida, além de tê-la enriquecido por muito tempo. Gal construiu sua primeira casa com o dinheiro de *Tropical*.

A artista continuou apresentando esse show no início dos anos 80 no Canecão, famosa casa de shows do Rio de Janeiro. A música "Balancê", presente no repertório, foi celebrada pela mídia. Isso porque a composição é de Braguinha (João de Barro) e foi redescoberta por Gal e pelo público quatro décadas depois de seu lançamento. Virou um grande sucesso do carnaval de 1980.

Aliás, toda a década foi de grande alcance de massas. O disco *Bem Bom* (1985) traz a balada "Um Dia de Domingo" com a participação especial de Tim Maia, o que ajudou o álbum a atingir a marca de 500 mil cópias vendidas. Os hits dos anos 80 foram muitos: "Aquarela do Brasil", no disco homônimo

GAL TROPICAL
PHILIPS

GAL TROPICAL
PHILIPS
STEREO
polygram
PHILIPS

de 1980, só com músicas de Ary Barroso; "Festa do Interior" (*Fantasia*, 1981); "Pegando Fogo" (*Minha Voz*, 1982); "Eternamente" (*Baby Gal*, 1983); "Chuva de Prata" (*Profana*, 1984); entre outros. Em 1987, ela fez um hiato e só retornou ao mercado fonográfico no começo da década seguinte.

BRASIL, MOSTRE TEUS SEIOS

Gal Costa estava bombando no início dos anos 90. Junto a Caetano, Bethânia e Gil, tornou-se tema da Estação Primeira de Mangueira no carnaval carioca de 1994. Os baianos foram protagonistas do enredo *Atrás da Verde e Rosa Só Não Vai Quem Já Morreu*, e Gal, particularmente, conseguiu que o presidente da República fosse ao Sambódromo prestigiar os desfiles. Itamar Franco disse: "Se a Gal me chamar, eu vou." E foi. A proximidade dos dois se deu porque ela dialogava com o governo em prol da criação do Museu Aberto do Descobrimento, preservando a natureza de Porto Seguro, sul da Bahia.

O álbum de 1993, *O Sorriso do Gato de Alice*, foi considerado o melhor do ano pelo júri do Caderno B do *Jornal do Brasil*. O periódico, em sua crítica, afirma: "Após passar os anos 80 fazendo discos comerciais, pasteurizados, Gal dá uma guinada acústica, valoriza sua voz aguda e conquista corações"[36]. Ela diz que o foco do trabalho é a sua voz e que dá aos ouvintes uma sonoridade simples e "*cool*"[37].

Mas a década de 90 também teve grandes reveses para Gal Costa. Na vida pessoal, em fevereiro de 1992, a cantora perdeu sua mãe, Dona Mariah. Na vida profissional, as coisas começaram a ficar ruins quando a Mangueira, favorita para ganhar naquele ano, terminou em 11º lugar. Gal julgou o resultado injusto e começou a se preparar para o show de seu último disco lançado, convidando Gerald Thomas para dirigi-lo. A aguardada parceria entre os dois prometia experimentação e vanguarda, mas a crítica simplesmente detestou o espetáculo. O *Jornal do Brasil* deu a seguinte manchete no dia cinco de março de 1994: "Gata cai do telhado: Plateia vaia di-

---

36 Cf.: MARTINS, Lula Branco. O Pulo da Gata em Direção da Vanguarda. *Jornal do Brasil*. Rio de Janeiro, 4 de março de 1994.

37 Cf.: KARABTCHVSKY, Teresa. Sorriso da Gata Gal. *Jornal do Brasil*. Rio de Janeiro, 6 de outubro de 1993.

reção de Gerald Thomas e só vibra com os seios da cantora"[38].

Por mais que quase todos os detratores desse *happening* tenham focado no diretor, o fato de Gal Costa mostrar os seios durante a canção "Brasil", de Cazuza, George Israel e Nilo Romero, não passou despercebido. Os jornalistas falaram em estranhamento, desconforto e isolamento no palco. Artur Xexéo foi capaz de escrever uma crítica bem elaborada quanto ao formato do show, mas extremamente problemática quanto à nudez de Gal. Nas palavras de Xexéo:

> O show é ruim. Ruim demais. (...) O diretor não teve humildade suficiente de deixar brilhar aquela que deveria ser a única estrela do palco. Fez Gal se arrastar pelo chão, uivar, gritar, cantar de costas para a plateia, cantar agachada, mostrar o pior de sua plástica em busca de uma polêmica que não convence mais ninguém. (...) "Tira essa roupa, Gal", foi o grito mais insistente da plateia.

---

[38] Cf.: Gata Cai do Telhado – Plateia Vaia Direção de Gerald Thomas Para o Show de Gal Costa e Só Vibra Com os Seios da Cantora. *Jornal do Brasil*. Rio de Janeiro, Caderno B, 5 de março de 1994.

Sábio conselho. As duas roupas que Gal usa são horrorosas. Ela parece pronta para fazer a faxina do apartamento[39].

É claro que Gal possui outra visão sobre essa escolha performática:

> De repente eu estava ensaiando e a blusa abriu sem querer e o peito apareceu. "Ah, vamos fazer isso!". Às vezes quando o cara está tocando, dá uma nota e "puxa, essa nota é linda, vamos deixar essa nota". Foi assim. Aí uma parte queria, uma parte não queria. Eu (...) gosto de provocar, eu tenho essa coragem[40].

A artista comparou a aparição dos seios com uma nota musical inesperada e, desse modo, integrou novamente o corpo ao cerne de seu discurso criativo. Fazendo isso, Gal ajudou a desmontar a ideia de que a MPB precisa construir uma mensagem intelectualizada nos moldes dicotômicos que separam a mente do corpo, a razão da emoção. Não

---

39 Cf.: XEXÉO, Artur. Falta Humildade a Geraldo Thomas. *Jornal do Brasil*. Rio de Janeiro, 6 de março de 1994.

40 Cf.: *O Nome Dela é Gal*. Série documental. Direção de Dandara Ferreira. Brasil: 2017.

está em questão se o show *O Sorriso do Gato de Alice* foi ruim, mas, sim, a síntese que resulta dessa repercussão negativa. Uma intérprete de 48 anos que ousou colocar os seios de fora causar tanto rebuliço apenas revela a sisudez de alguns setores da MPB.

Afinal, algumas escolhas de direção são verdadeiramente excêntricas, mas a performance de Gal Costa em "Tropicália" seguida por "Brasil" merece apreciação. A escolha de repertório, casando essas duas canções, é refinada, porque tece um fio conduzindo o país do final da década de 60 àquele da década de 90. O que será que aproximava e distanciava a juventude dessas épocas distintas? Com certeza, o corpo de Gal em cena estava muito diferente. Trejeitos mais duros, expressão séria e a voz com menos mudanças melódicas, algo típico do rock de Cazuza. De forma engenhosa, seu corpo-mente imprime a assinatura de Gal numa encenação mais pesada. Um sorriso, um cabelo esvoaçante, uma costela, um seio de fora... São materiais para conferir leveza à interpretação.

Recanto e o sujeito Gal-Caetano

A primeira reportagem que a *Folha de S. Paulo* deu sobre *Recanto* (2011) é um paradoxo. Nela, Gal Costa não faz questão de se firmar como um indivíduo separado de Caetano ou de homem algum – coisa que ela nunca fez de um jeito veemente, mas, sim, tateando uma autonomia que lhe é própria.

A *Folha* diz:

> Sempre foi assim. Desde os tempos tropicalistas, Gal Costa esteve vinculada a pessoas que lhe deram os empurrões de que ela precisava para ir além de sua escola inicial: a do canto puro de João Gilberto. Caetano e Gil foram exemplares disso nos anos 60. O poeta Waly Salomão fez o mesmo em *Fa-tal,* o emblemático show de 1971, e de novo em *Plural,* de 1990. O empresário Guilherme Araújo a alçou ao sucesso comercial no final dos anos 70 [41].

---

41 Cf.: PRETO, Marcus. Gal Confunde Mensagem e Cria Imagens Para Cantar – Novo Disco Tem Letras Herméticas e Bases Instrumentais Eletrônicas. *Folha de S. Paulo*. São Paulo, Ilustrada, p.3, 29 de novembro de 2011.

Todas as "pessoas" às quais o periódico se refere são homens. A questão é que Gal Costa, talvez por uma escolha editorial da *Folha*, parece concordar; fala em possuir uma voz a serviço dos amigos e das boas canções. Certamente, sua independência aparece uma vez mais, pois ela complementa: "Minha voz está a serviço das coisas com que estou conectada. Sempre esteve." Gal relembra os tempos de exílio de Caetano e Gil, quando permaneceu aqui à frente do tropicalismo; atesta que expressar a palavra musicada através da voz é uma capacidade que poucos possuem.

Gal se vê identificada na canção "Recanto Escuro". Ela é aquela que não salta, mas que é carregada porque não tem asas. Caetano intervém a seu favor, dizendo que não foi isso que quis dizer ao compor a música. Foi o contrário: Gal Costa, quando canta, "parece que é carregada por asas que a gente não tem, que mais ninguém no mundo tem".

Recanto é o fim de uma pausa; é o fim de um período de pouca experimentação e o início de mais um ato em que Gal Costa se atira no contemporâneo. Que não entendamos o contemporâneo apenas como o presente, no caso, 2011. Devemos ouvir *Recanto* como uma intervenção no aqui, que transpõe o agora rumo a um outro presente possível. O disco termina com a faixa "Segunda", um lamento sertanejo em maracatu que em nada se assemelha à letra de "Domingo" (1967). Em 2011, Caetano faz uma crítica social menos nostálgica que a bossa nova[42].

Mesmo assim, a referência posiciona *Recanto* num diálogo com os projetos particulares de Gal e Caetano, tantas vezes entrecruzados. Nesse sentido, este ensaio faz uma curva singular. No desejo de exaltar Gal Costa em sua individualidade, coloca-se seu parceiro no lugar em que muitas vezes ela esteve: secundarizado. Longe de fazê-la de forma pouco rigorosa, essa ruptura é fundamental para que um novo olhar seja lançado à Música Popular Brasileira. Contudo, *Recanto* é a oportunidade de pareá-los novamente, a fim de inscrever uma história outra, menos contaminada pela hegemonia masculina.

Como diz a pesquisadora Liv Sovik, o álbum é assinado por um sujeito que é o conjunto Gal-Caeta-

---

[42] Pedro B. Teixeira relaciona o disco *Recanto* (2011) com noções do contemporâneo num artigo que me serviu como fonte. Cf.: TEIXEIRA, Pedro B. A Escrita Contemporânea de Recanto. In: *IPOTESI – Revista de estudos literários*, v.20, n°1 2016.

no[43]. Vai-se diluindo a noção que temos de autoria da obra, dando lugar a uma fluidez de relações presentes no corpo que canta, o corpo de Gal Costa. Retomando a matéria da *Folha de S. Paulo*, há a afirmação por parte dos dois de que *Recanto* pertence a Caetano. Mas, nas palavras de Marcus Preto, autor do referido texto e futuro produtor musical dela, "é ingênuo comprar a ideia de que seja um trabalho em que Gal pudesse ser substituída por outra".

O prefixo "re" evoca a ação de inovar. O "canto" é o objeto inovado, renovado, reelaborado, enfim, transcomposto. Ou seja, a parte que cabe a Gal de modo absolutamente único é colher as composições de Caetano e transcompô-las, criando-as mais uma vez a partir de sua inteligência emocional. Ela expressa os sentimentos numa orquestração minuciosa das palavras em "Recanto Escuro", por exemplo. Assim, faz da batida, pulsante como o coração, um retalho de pequenas figuras preciosas que se unificam quando vistas à distância.

---

43 Cf.: SOVIK, Liv. *Tropicália Rex: Música Popular e Cultura Brasileira*. Rio de Janeiro: Mauad X, 2018.

No show ao vivo[44], a voz de Gal Costa conduz o ouvinte pelos ruídos sonoros. O refúgio onde ela está é escuro, e suas vestes também, causando a impressão de que Gal se reduziu a um rosto e a mãos. Aqui já não encontramos mais o corpo exposto. Não é preciso: a nudez está na voz. Gal descobre a melodia como quem está descobrindo seu íntimo, passeando pelos recantos do mundo, da mente e da carne. Em alguns momentos enxergamos uma cantora que se entristece antes de proferir frases como "o álcool só me faz chorar / convidam-me a mudar o mundo / é fácil, nem tem que pensar / nem ver o fundo". A letra contrasta com seu gesto. O que Gal Costa está fazendo ao interpretar "Recanto Escuro" é, precisamente, vasculhar o fundo de suas entranhas.

A vida de Gal é fonte para esse disco. Da escuridão à luz, como na capa do álbum *Gal Costa* (1969). Os momentos bons também servem de matéria-prima. Em "O Menino", Gal Costa emenda os trechos "O menino" e "é eu". Dessa maneira, com sua voz, ela transmite a ideia de continuidade entre si e o menino, que Caetano já disse ser o filho adotivo de

---

44 Confira o vídeo na página do livro no site da editora.

Gal. Segundo o compositor, a felicidade que Gabriel trazia para ela o inspirou a escrever essa canção.

ESTRATOSFÉRICA e a TRANSCOMPOSIÇÃO

Em abril de 2015, o público entrou em êxtase enquanto assistia Gal Costa cantar "Vingança" num show com repertório todo de Lupicínio Rodrigues. Ela transformou o samba-canção de letra romântica em um "rock ruidoso", nas palavras da *Folha de S. Paulo*[45]. A junção desse espetáculo com o disco *Recanto* (2011) posicionava a carreira de Gal em um novo patamar. Por um tempo, sua figura permaneceu estagnada no estereótipo de diva, congelada no tempo e priorizando o lugar-comum, mas ela caminhou para o resgate de uma postura vanguardista. *Recanto* (2011) foi um farol nessa trajetória.

Entre 1995 e 2005, a escolha de repertório feita por Gal batia em teclas antigas. Com os arranjos não era diferente. Seria possível pensar que toda a retração em termos de ousadia se deu aos ataques sofridos após *O Sorriso do Gato de Alice*. Mas não é

---

45 Cf.: VIANNA, Luiz Fernando. Gal Costa Renova Clássicos de Lupicínio. *Folha de S. Paulo*. São Paulo, 6 de maio de 2015.

isso que ela diz para a *Folha de S. Paulo* no dia 16 de maio de 2015:

> Se eu fosse ficar um tempão sem cantar porque a crítica bate em mim, não ia cantar nunca. Criaram uma polêmica muito grande com aquele show. Era ousado, porque eu mostrei os seios e entrava no palco como um gato. Era tudo muito estranho e bonito. As pessoas se incomodaram porque queriam que eu entrasse como uma diva[46].

A partir da segunda década dos anos 2000, com seus 60 e poucos anos, a coisa se radicaliza, e ela volta a fazer intervenções marcantes na história da Música Popular Brasileira. *Estratosférica* (2015) deu continuidade a esse movimento, e ela pôde retornar como um outro tipo de diva. Uma diva contemporânea, que tem o poder de fundar novas trilhas a partir dos rastros deixados pelo passado. Em 2015, Gal afirma na referida conversa com a *Folha de S. Paulo*:

> Minha imagem vai ser sempre ligada ao tropicalismo. Tenho uma história rica, de muita mudança

---

46 Cf.: COSTA, Gal [entrevista concedida a] MARTÍ, Guilherme G. Silas. Meu Nome é Diva. *Folha de S. Paulo*. São Paulo, Ilustrada, p.4, 16 de maio de 2015.

física, musical e comportamental. Isso fica marcado. Permanece essa aura da diva. Acho ótimo. O que posso achar? Eu sou. (...) Existe também uma sensação de recomeço, de que estou fazendo uma coisa ligada ao meu trabalho passado. Sou tudo isso, estou revivendo um momento que é meu.[47]

Estratosférica marcou seus 50 anos de carreira. Sobre uma faixa específica desse álbum, "Jabitacá", um de seus compositores, Lirinha, diz o seguinte:

> Quando eu ouvi a gravação de Gal eu fiquei impressionado com as escolhas dela de como dividir as frases, de em que lugar respirar, e eu, que estava muito íntimo da música, percebi mais ainda essa grandeza dela. A forma como ela conduz e, a partir dessa condução, ela se torna também uma espécie de autora da música. É o que em tradução os irmãos Campos chamavam de "transcriação". Eu penso que ela faz isso com as composições que chegam para ela, como se ela "transcompusesse"[48].

---

47 Ibid.

48 Cf.: *O Nome Dela é Gal*. Série documental. Direção de Dandara Ferreira. Brasil: 2017.

Referindo-se à teoria dos irmãos Campos, Lirinha nos autoriza a recorrer ao texto de Haroldo, "Da Tradução como Criação e como Crítica". Haroldo vai dizer: "Então, para nós, tradução de textos criativos será sempre recriação, ou criação paralela, autônoma, porém recíproca"[49]. Um texto é uma tábula cheia e aberta. Lirinha se vale desse conceito para falar da composição.

Ainda na esfera da palavra cantada, o pesquisador Júlio Diniz vê a interpretação como uma rasura feita pelo recorte vocal da cantora no objeto original, a criação do compositor[50]. Em "Jabitacá", Gal está com a voz madura; a balada quase esconde a triste letra de um amor que está sumindo. A intérprete nos lembra da dor, sobretudo no refrão, quando ela pavimenta uma subida:

"Acontece nas manhãs
Que eu não vejo seus caminhos

---

49 Cf.: CAMPOS, Haroldo. Da Tradução Como Criação e Como Crítica. In: TÁPIA, Marcelo; NÓBREGA, Thelma (Orgs.). *Haroldo de Campos: Transcriação*. São Paulo: Perspectiva, 2013.

50 Cf.: DINIZ, Julio. Sentimental Demais: A Voz Como Rasura. In: DUARTE, P. S.; NAVES, S. C. (orgs.). *Do Samba-canção à Tropicália*. Rio de Janeiro: Faperj/Relume-Dumará, 2003.

Acontece nos caminhos em que ando só
Sopro as nuvens que escondem
As estrelas de guiar
Mas não me deixe navegar se já não crê no encanto deste mar
Se nossas manhãs se perderam nas ruas sem jardins"

Gal Costa atinge o cume de sua escalada vocal em "não me deixe navegar". Assim, transmite todo o sofrimento que o arranjo não reforça. Revela-se, então, uma letra da desesperança de um amor desgastado pelo tempo. Por meio desse percurso feito pela voz de Gal, percebe-se, a partir da ênfase dada em "mas não me deixe", que a amante faz uma última súplica: não estando o parceiro encantado pelos mares que ambos cruzam, que ele não a deixe navegar; que ele a deixe livre, caso as manhãs tenham sido perdidas.

Enquanto se preparava para o show *Estratosférica*, Gal Costa completou 70 anos. Um corpo-mente transformado pelas décadas, menos desenvolto. Assistindo à gravação de "Jabitacá" ao vivo[51], observamos que os braços ajudam a operar a ciência por trás

---

[51] Confira o vídeo na página do livro no site da editora.

da voz. Eles auxiliam na ênfase de uma nota, na manutenção do ritmo, na respiração e, por fim, quando a guitarra sola, os braços se abrem para receber o fluxo já estabelecido entre intérprete, músico e instrumento. São as asas das quais falou Caetano na letra de "Recanto Escuro": arrebatada pela engenhosidade interior de seu cantar, Gal Costa é carregada por asas que somente ela possui.

notas finais

ESTE ENSAIO versou sobre um corpo urdindo desejos, não porque foi sexualizado de fora para dentro, mas por sua potência de vida. Após *Estratosférica*, Gal Costa lançou *A Pele do Futuro* (2018) e regravou *singles* com artistas da nova geração. Sua morte repentina, em novembro de 2022, ocorreu durante a turnê *As Várias Pontas de Uma Estrela*. Envolta em uma trama que ganhou notoriedade a partir da matéria investigativa publicada pela revista *Piauí*[52] em julho de 2023, a partida de Gal trouxe detalhes de sua vida íntima abafados por muitos anos. Fomos impactados pela escuridão de uma artista que sempre teve um pé na luz; sofremos postumamente por feridas abertas tempos atrás.

No entanto, o legado de Gal Costa tratou de recobri-la das mais sagradas homenagens, e coisas sagradas permanecem, como fala a canção de Caetano. Este texto foi uma tentativa de alcançar a substância sagrada com a qual ela brincou desde menina, no bairro da Graça, em Salvador. Sem dúvidas, foi um desafio mexer com aquilo que não se explica em palavras. Certo dia, deixando-me levar pela melo-

---

52 Cf.: BRAGA, Thallys. A Viúva de Gal Costa. *Piauí*. Julho de 2023.

dia de uma música cantada por Gal, sentindo-me abraçada pelos instrumentos e pela voz que tanto me seduz, prestei atenção na letra. A poesia descrevia uma situação com a qual me identifiquei. Senti um arrepio, uma puxada na barriga e uma coceira no canto de cada olho, anunciando um choro que nunca veio. Como descrever isso sem que o sistema da linguagem esvazie as emoções?

Acredito que os poetas intentem cobrir o vazio entre a emoção primeira e a racionalização da experiência ocasionada pela linguagem. Entretanto, sem a transcomposição efetuada pelo corpo-mente da artista, não se faz música. No caráter de um ensaio, pretendeu-se investigar um pouco do não escrito na encenação estética tropicalista segundo Gal Costa. Por vezes, recorrer às letras foi necessário. Ir além delas foi imprescindível para sondar a contribuição de Gal ao cancioneiro popular brasileiro.

Há lacunas neste texto. Propositalmente, alguns períodos e marcos da carreira de Gal foram deixados de lado, o que abre margem para que mais gente se debruce nos jornais, revistas, fotos e vídeos do passado. Meu trabalho, junto ao de outros pesquisadores pelo Brasil que enxergam em

Gal um objeto de estudo, é apenas o começo de um movimento para redimensionar o papel dela e das mulheres na Música Popular Brasileira. Sem as que vieram antes e as que andaram ao seu lado, Maria da Graça não teria se tornado uma das maiores vozes do país. Que as intérpretes, compositoras, musicistas e trabalhadoras da música continuem se irmanando e bebendo do jorro vital que é a obra de Gal Costa.

BIBLIOGRAFIA

BASSANEZI, Carla; PEDRO, Joana Maria (Org.). *Nova História das Mulheres no Brasil*. São Paulo: Contexto, 2012.

BASSANEZI, Carla. Mulheres dos Anos Dourados. In: PRIORE, Mary del. (org). *História das Mulheres no Brasil*. São Paulo: Contexto, 2008.

CALADO, Carlos. *Tropicália: A História de Uma Revolução Musical*. São Paulo: Editora 34, 2008.

CAMPOS, Augusto (org.). *O Balanço da Bossa e Outras Bossas*. São Paulo: Perspectiva, 2012.

CAMPOS, Haroldo. Da Tradução Como Criação e Como Crítica. In: TÁPIA, Marcelo; NÓBREGA, Thelma (org.). *Haroldo de Campos: Transcriação*. São Paulo: Perspectiva, 2013.

COELHO, Frederico. *Eu, Brasileiro, Confesso: Cultura Marginal no Brasil das Décadas de 1960 e 1970*. Rio de Janeiro: Civilização Brasileira, 2010.

CONTENTE, Renato. *Não Se Assuste, Pessoa! – As Personas Políticas de Gal Costa e Elis Regina na Ditadura Militar*. São Paulo: Letra e Voz, 2021.

COSTA, Gal. GAU – 1972. In: COHN, Sergio; JOST, Miguel (Org.). *Entrevistas – Bondinho*. Rio de Janeiro: Azougue, 2008, p.301-306.

DINIZ, Júlio. Sentimental Demais: A Voz como Rasura. In: DUARTE, P. S.; NAVES, S. C. (orgs.). *Do Samba-Canção à Tropicália*. Rio de Janeiro: Faperj/Relume-Dumará, 2003.

DUNN, Christopher. *Brutalidade Jardim: A Tropicália e o Surgimento da Contracultura Brasileira*. São Paulo: Editora UNESP, 2009.

FAOUR, Rodrigo. *História da Música Popular Brasileira Sem Preconceitos (vol. 1)*. Rio de Janeiro: Record, 2021.

FAVARETTO, Celso. *Tropicália Alegoria, Alegria*. São Paulo: Ateliê Editorial, 2007.

GONÇALVES, Marcos; HOLLANDA, Heloisa B. *Cultura e Participação nos Anos 60*. São Paulo: Editora Brasiliense, 1982.

HOOKS, bell. Eros, Erotismo e o Processo Pedagógico. In.: LOURO, Guacira Lopes (org). *O Corpo Educa-*

do: *Pedagogias da Sexualidade*. Belo Horizonte: Autêntica, 2019.

IRIGARAY, Luce. "Is The Subject of Science Sexed?" In: *Cultural Critique*. n.1, 1985, pp.73-88.

JARDIM, Eduardo. *Tudo em Volta Está Deserto*. Rio de Janeiro: Bazar do Tempo, 2017.

NAVES, Santuza. *Canção Popular no Brasil*. Rio de Janeiro: Civilização Brasileira, 2010.

_____. *Da Bossa Nova à Tropicália*. Rio de Janeiro: Zahar, 2012.

_____. *A Canção Brasileira: Leituras do Brasil Através da Música*. Rio de Janeiro: Zahar, 2015.

NOLETO, Rafael da Silva. Eu Sou Uma Fruta Gogóia, Eu Sou Uma Moça: Gal Costa e o Tropicalismo Feminino. In: *Per Musi*. n° 30, 2014.

PERROT, Michelle. *Minha História das Mulheres*. São Paulo: Contexto, 2007.

PERROT, Michelle. *Os Excluídos da História: Operários, Mulheres e Prisioneiros*. Paz & Terra: Rio de Janeiro, 2017.

ROLNIK, Suely. *Cartografia Sentimental: Transformações Contemporâneas do Desejo*. São Paulo: Estação Liberdade, 1989.

SANTIAGO, Silviano. Das Inconveniências do Corpo Como Resistência Política. In.: *Jornal Literário da Companhia Editora de Pernambuco*. 2019.

SANTIAGO, Silviano. Caetano Veloso Enquanto Superastro. In: SANTIAGO, S. *Uma Literatura nos Trópicos: Ensaios Sobre Dependência Cultural*. Rio de Janeiro: Rocco, 2000.

SEVERIANO, Jairo. *Uma História da Música Popular Brasileira: Das Origens à Modernidade*. São Paulo: Editora 34, 2017.

SOVIK, Liv. *Tropicália Rex: Música popular e Cultura brasileira*. Rio de Janeiro: Mauad X, 2018.

TEIXEIRA, Pedro B. A Escrita Contemporânea de Recanto. In: *IPOTESI – Revista de Estudos Literários*, v. 20, n°1 2016.

VELOSO, Caetano. *Verdade Tropical*. São Paulo: Companhia das Letras, 1997.

Teses e Dissertações

MACHADO, Regina. *Da Intenção ao Gesto Interpretativo: Análise Semiótica do Canto Popular Brasileiro.* Tese (Doutorado em Linguística) – Faculdade de Filosofia, Letras e Ciências Humanas da Universidade de São Paulo. São Paulo: 2012.

MAIA, Taissa. *Linda, Feia e (Des)Aparecida – A Mulher e Os Discursos Sobre o Tropicalismo Musical.* Dissertação (Mestrado em Comunicação). Universidade Federal do Rio de Janeiro. Rio de Janeiro: 2021.

SOUSA, Kaio S. R. *As Entrelinhas da Política Militar Desvendadas Pela Música: Gal Costa e a Denúncia Musical dos Projetos Políticos e Econômicos Setentistas.* Monografia (Graduação em História) – Faculdade de Ciências Sociais da Universidade Federal de Campina Grande. Paraíba: 2019.

Hemerografia

35 Anos do Fatal – Desbunde Music. *Revista Bizz*. Novembro de 2006.

Que Caminho Seguir na Música Popular Brasileira? (Debate coordenado por Airton Lima Barbosa). *Revista Civilização Brasileira*. Rio de Janeiro, 1966, nº 7, maio.

BRAGA, Thallys. A Viúva de Gal Costa. *Piauí*. Rio de Janeiro, julho de 2023.

HODENFIELD, Jan; BAILEY, Andrew; O'SULLIVAN, Eithne. Wheeling and Dealing on The Isle of Wight. *Rolling Stone*. USA, 1 de outubro de 1970.

MACIEL, Luiz C. Gal Mutante. *Rolling Stone*, nº 0, novembro de 1971.

ACERVOS DE JORNAIS CONSULTADOS

O Pasquim

Diário da Noite

Diário de Notícias

Folha de S. Paulo

Jornal do Brasil

FILMOGRAFIA

O Nome Dela é Gal [Série documental]. Direção: Dandara Ferreira. Brasil: 2017.

Os Doces Bárbaros [Documentário]. Direção: Jom Tob Azulay. Brasil: 1977, 103min.

GAL: Do Tropicalismo Aos Dias de Hoje [Documentário]. Direção: Carlos Ebert e Marcello Bartz. Brasil: 2011.

Tropicália [Documentário]. Direção: Marcelo Machado. Brasil: Bossa Nova Filmes, 2012, 89 min.

PROGRAMAS DE TV

COSTA, Gal. TV Globo. Conversa Com Bial: depoimento. São Paulo, 19 de fevereiro de 2021. (43min). Entrevista concedida a Pedro Bial.

Ocupação Jards Macalé – Revendo Amigos

AGRADECIMENTOS

Agradeço imensamente a Carlos Amorim, Carlos Pacheco, Claudia Amorim, Chris Fuscaldo, Cíntia Sanmartin Fernandes, Iuri Kruschewsky, Marcus Vinicius Cordeiro, Micael Herschmann, Rodrigo Carvalho, Silvio Tendler, Thiagson e Yasmin Lisboa.

Esta obra foi impressa por Gráfica Rettec em
Social Gothic, Source Serif e Source Sans.
Capa em papel Supremo 250g.
Miolo em papel Pólen Bold 90g.